Das Handbuch
für Office 2010

Inhalt

Vorwort

Office? Das klingt nach Arbeitswelt. Und auch wenn Office-Pakete in keinem modernen Büro fehlen dürfen, so können sie auch im privaten Bereich hilfreich sein. Beispielsweise bei der elektronischen Kommunikation mit Freunden und Bekannten via E-Mail, der elektronischen Post, oder um Kontakte übersichtlich zu verwalten, Tabellen zu erstellen oder schöne Präsentationen für Freunde, Bekannte oder den Sportverein zu erstellen.

Dieses Buch hat sich das Ziel gesetzt, Ihnen Microsoft Office in der Version Home and Business 2010 näher zu bringen und die Grundlagen zu erklären. Auf den folgenden Seiten erfahren Sie, wie Sie sich die digitale Kommunikation mit Office 2010 erleichtern können. Dabei hört das Software-Paket nicht bei E-Mail und Co. auf, sondern bietet viele weitere nützliche Module, die Ihnen den Umgang, die Verwaltung und den Austausch von Daten und Informationen erleichtern.

Natürlich kann ein kompaktes Buch wie dieses nicht den gesamten Funktionsumfang eines Office-Pakets wie Microsoft Office Home and Business 2010 aufzeigen. Aber es kann Ihnen wichtiges Basiswissen liefern, um auf einem spannenden Weg ein umfangreiches Programm wie dieses Office-Paket zu erkunden.

Wir wünschen Ihnen viel Spaß beim Lesen dieses Buchs und beim Umgang mit Office 2010!

E-Mail- und Kalender-Tool

Lizenzbedingungen

Product Key

Virtueller Notizblock

Office 2010

Präsentationsmodul

Tabellenkalkulation

Textverarbeitung

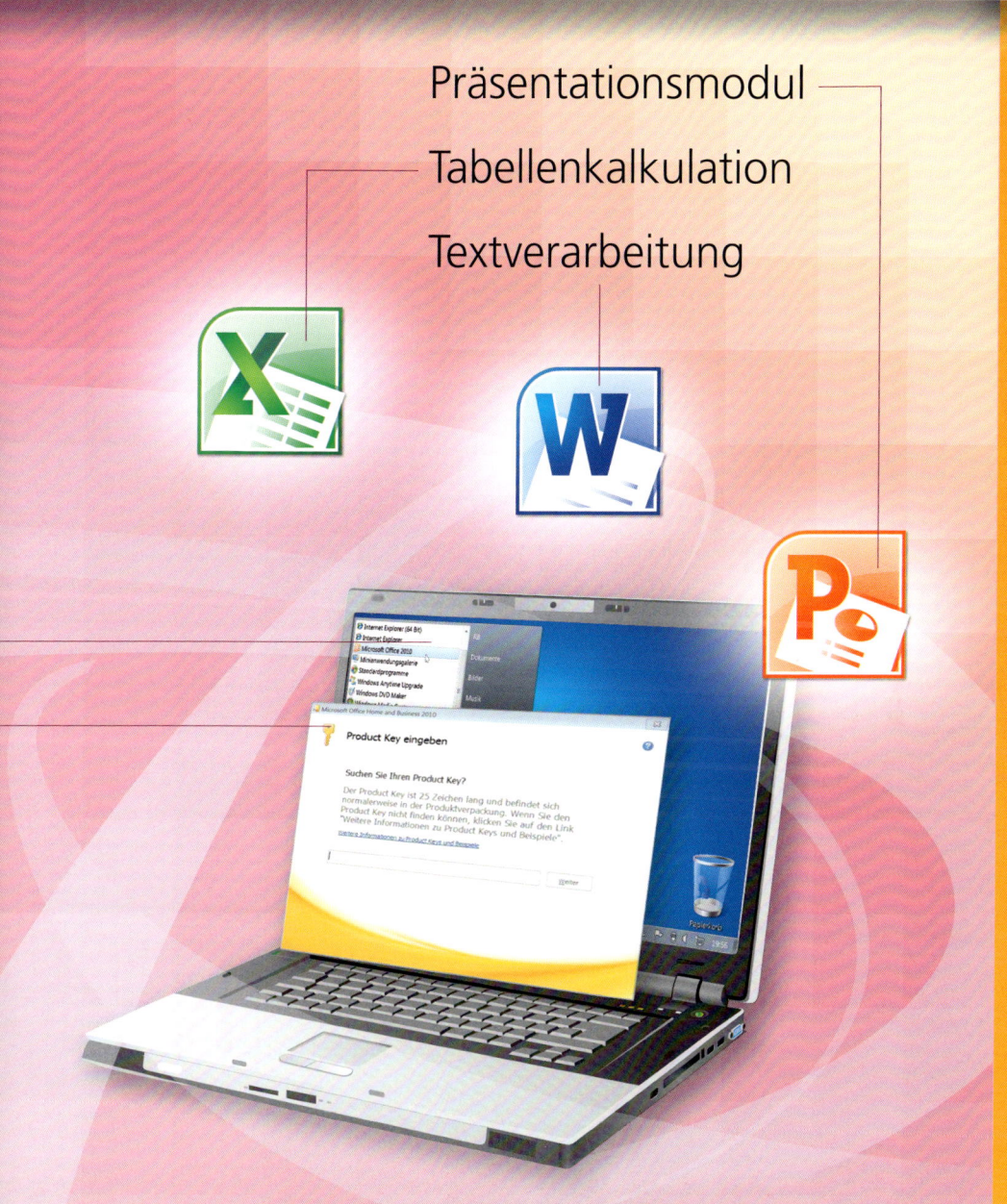

Office installieren

Office-Pakete sind auf vielen modernen Computern bereits vorhanden. Das gilt insbesondere für Rechner, auf denen das Betriebssystem Windows von Microsoft vorinstalliert wurde. Hier finden Anwender in der Regel die sogenannte Starter-Version von Microsoft Office, die die Textverarbeitung Word Starter und die Tabellenkalkulation Excel Starter enthält. Beide Module sind mit kleinen Werbeeinblendungen versehen und decken die grundlegenden Funktionen zum Verfassen und Bearbeiten von entsprechenden Dokumenten ab. Einen deutlich größeren Funktionsumfang bieten die Vollversionen von Microsoft Office 2010, die je nach Ausführung mit unterschiedlichen Modulen angeboten werden:

Office Home and Student:
Word 2010, Excel 2010, PowerPoint 2010 und OneNote 2010

Office Home and Business:
Word 2010, Excel 2010, PowerPoint 2010, OneNote 2010 und Outlook 2010

Office Professional:
Word 2010, Excel 2010, PowerPoint 2010, OneNote 2010, Outlook 2010, Access 2010 und Publisher 2010

In diesem Buch arbeiten wir mit dem Paket **Office Home and Business 2010**, das eine gute Basis für den privaten und geschäftlichen Einsatz bietet. Das Paket ist mit der Textverarbeitung Word 2010, der Tabellenkalkulation Excel 2010, dem Präsentationsmodul PowerPoint 2010, dem virtuellen Notizblock OneNote 2010 und dem E-Mail- und Kalendertool Outlook 2010 bestückt. Die wichtigsten Funktionen und wie man sie bedient erklären wir auf den folgenden Seiten. Die Tipps und Tricks lassen sich natürlich auch auf die entsprechenden Module der anderen Pakete übertragen und haben zum Teil auch noch für ältere und kommende Office-Versionen Gültigkeit.

Bevor Sie jedoch mit dem umfangreichen Office-Paket arbeiten können, muss dieses installiert werden. Dafür gibt es mehrere Möglichkeiten: Sie können einen Datenträger erwerben, auf dem die Software enthalten ist. Sie können die Daten aus dem Internet herunterladen. Sie können in dem Starterpaket eine Kaufoption aktivieren oder einen Product Key erwerben, um die Starter-Version oder eine Download-Variante freizuschalten. Wir zeigen Ihnen den einfachsten Weg, Office zu installieren: mit einem Product Key.

Tipp: Eine Office-Version ohne physischen Datenträger ist in der Regel günstiger, als ein Produkt auf CD oder DVD.

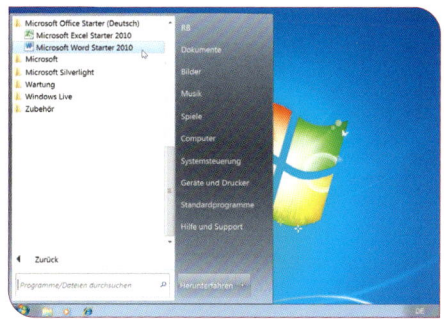

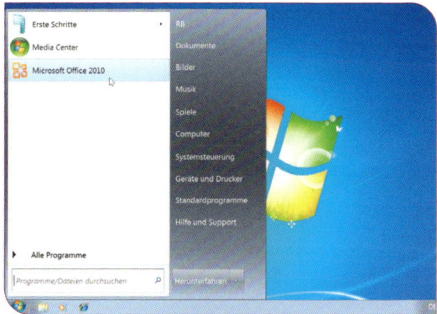

Öffnen Sie das Windows-Startmenü mit einem Mausklick auf das Windows-Icon oder die Windows-Taste Ihrer Tastatur.

Starten Sie zunächst ein Modul des Starterpakets. Die entsprechende Verknüpfung finden Sie im Startmenü von Windows 7, das sich über das Windows-Icon in der linken unteren Ecke der Taskleiste öffnen lässt. Alternativ können Sie auch die Windows-Taste auf Ihrer Tastatur drücken. Finden Sie

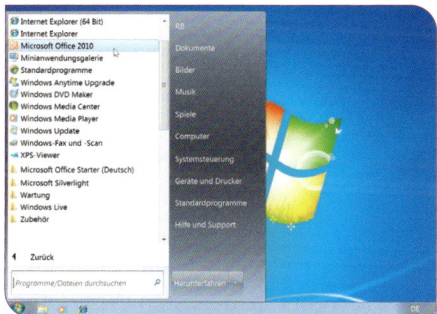

Unter „Alle Programme" finden Sie bei vielen Windows-Rechnern den Eintrag „Microsoft Office 2010".

Die Office-Starter-Version ist in einem entsprechenden Ordner unter „Alle Programme" abgelegt.

im Startmenü keinen Office-Eintrag, klicken Sie auf „Alle Programme" um eine Liste mit den aktuell installierten Programmen zu öffnen. Klicken Sie hier auf den Eintrag „Microsoft Office 2010" oder öffnen Sie den Ordner „Microsoft Office Starter (Deutsch)", um ein Modul direkt zu öffnen. In der Starter-Version finden Sie nun im Menüband der Registerkarte „Start" ganz rechts das Icon „Kaufen". Hier können Sie ein Office-Paket von Microsoft online erwerben oder einen zuvor erworbenen Product Key eingeben. Klicken Sie auf „Microsoft Office aktivieren", wenn Sie einen Product Key vorliegen haben.

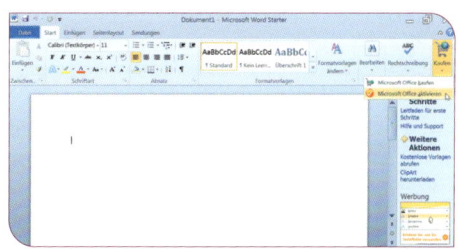

Klicken Sie auf „Microsoft Office aktivieren", um die Starter-Version mit einem Product Key über das Internet zu einer Vollversion zu machen.

Im folgenden Fenster muss nun der Product Key eingetragen werden. Der Code wird umgehend online überprüft. Passt die Kombination, können Sie auf „Weiter" klicken, um die Installation fortzuführen.

In dieses Fenster muss der Product Key eingetragen werden.

Wie bei Windows-Installationen üblich müssen Sie die Lizenzbestimmungen des Herstellers mit einem Mausklick akzeptieren.

Nachdem Sie den Lizenzbedingungen zugestimmt haben, können Sie die Installation über diesen Button starten oder Anpassungen vornehmen.

Wenn Sie die Lizenzbestimmungen akzeptiert haben, können Sie die Installation fortsetzten (Button: Jetzt installieren) oder anpassen (Button: Anpassen). Wenn Sie die Installation anpassen möchten, fahren Sie einfach mit dem Mauszeiger über die Schaltfläche und

drücken die linke Maustaste. Im Anpassungsmenü können Sie z. B. einzelne Module des Office-2010-Pakets abwählen, wie die Tabellenkalkulation Excel oder bestimmte Bestandteile der Module. Das macht unter Umständen dann Sinn, wenn für das komplette Paket nicht genügend Speicherplatz auf der Festplatte vorhanden ist. Im Anpassungsmenü zeigt die Software den erforderlichen und den verfügbaren Speicherplatz an.

Ist genügend Platz auf Ihrer Festplatte vorhanden, sollten Sie der Einfachheit halber die Standard-Installation wählen, die Ihnen alle im Paket verfügbaren Module installiert. Nachdem Sie die Installation mit einem Klick (linke Maustaste) auf die Schaltfläche (Jetzt installieren) gestartet haben, wird der Installationsstatus über ein Balkendiagramm angezeigt.

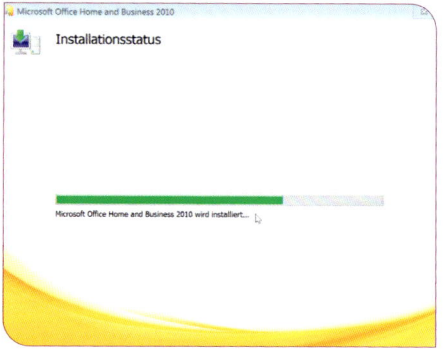

Der Status der Installation wird mit dem grünen Balken angezeigt.

Wenn der größte Teil der Installation abgeschlossen ist, können Sie sich die aktuellsten Informationen zu Office 2010 aus dem Internet abrufen. Dazu bietet die Installations-Routine die Schaltfläche „Online fortsetzen" an, die Sie auf eine Webseite mit Schulungen, Handbüchern und Weiterem zu Office 2010 lotst.

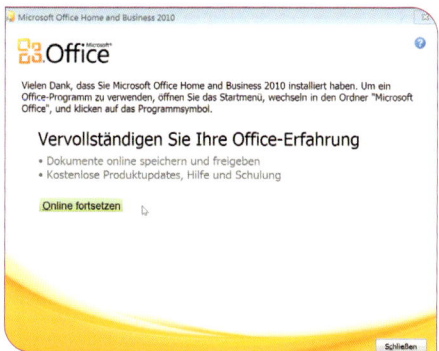

Um weitere und vor allem aktuellste Informationen zu Office 2010 zu erhalten, klicken Sie einfach auf den Button „Online fortsetzen".

Nachdem Office 2010 installiert ist, finden Sie die einzelnen Module wie Excel 2010, OneNote2010, Outlook 2010, PowerPoint 2010, Word 2010 sowie Office 2010-Tools im Startmenü unter Programme im Ordner „Microsoft Office". Starten Sie eines der

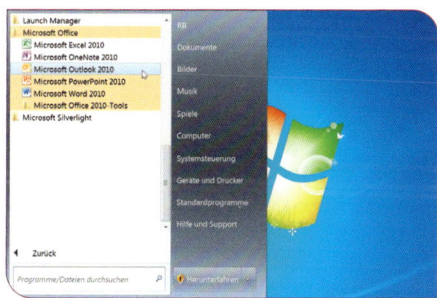

Nach der Installation finden Sie die Programm-Icons, über die die einzelnen Module gestartet werden, im Start-Menü unter „Programme".

Module, wie z. B. Excel 2010, mit einem einfachen Mausklick auf das Programm-Icon.

Nach dem ersten Start müssen Sie ein Dateiformat für Ihre Dokumente festlegen.

Nun müssen Sie dem Programm nur noch sagen, welchen Dateityp – Office 2010 unterstützt eine Vielzahl an Formaten – Sie als Standard setzen möchten. Zur Auswahl stehen das Office Open XML-Format und das OpenDocument-Format, die sich für Nutzer eignen, die mit vielen unterschiedlichen Plattformen Daten austauschen möchten, das heißt mit Anwendern, die nicht Office 2010 verwenden, sondern Office-Pakete anderer Hersteller. Wer alle Funktionen von Office 2010 in seinen Dokumenten nutzen möchte, der sollte auf das jeweilige Office-Format setzen.

 Lässt sich diese Einstellung später ändern?

Natürlich können Sie das Standarddateiformat später ändern. Dafür bietet jedes Modul unter den Optionen die Möglichkeit, unter deutlich mehr Dateitypen zu wählen. Außerdem können Sie jedem Dokument beim Abspeichern ein eigenes Dateiformat zuweisen.

Kann ich die Daten eines alten Pakets übernehmen?

Wenn Sie bisher bereits eine ältere Version von Office genutzt haben, können Sie die Daten, z. B. die Einstellungen Ihrer E-Mail-Postfächer, komfortabel übernehmen. So müssen Sie Zugangsdaten, Dokumentenvorlagen & Co. nicht einzeln kopieren und eventuell auf einen neuen Rechner übertragen.

Windows 7 hat für den virtuellen Umzug bereits das richtige Tool mit an Bord. Für ältere Systeme kann man „Windows-EasyTransfer" kostenlos herunterladen. Das Programm finden Sie im Start-Menü unter „Alle Programme/Zubehör/Systemprogramme".

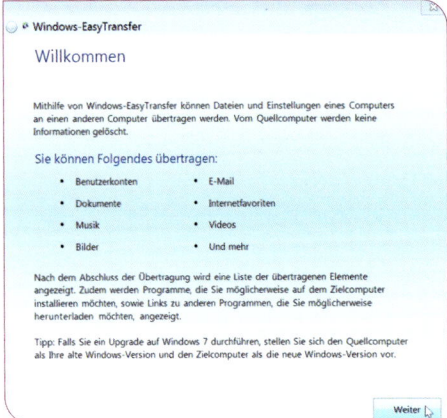

Mit „Windows-EasyTransfer" können Sie u. a. die Benutzerdaten für Office-Programme von einer älteren Version bzw. einem anderen Computer übernehmen.

Klicken Sie einfach auf das Icon „Windows-EasyTransfer" und folgen Sie den Anweisungen.

Für den Umzug gibt es verschiedene Möglichkeiten: Sie können z. B. die Rechner mit einem EasyTransfer-Kabel verbinden, die Daten über ein Netzwerk austauschen oder einen externen Datenspeicher, wie z. B. eine externe Festplatte oder einen USB-Flash-Speicher, nutzen. Am praktischsten ist der Weg über ein Netzwerk oder einen USB-Stick, denn diese Hilfsmittel sind in der Regel vorhanden. Nachdem die Daten übertragen wurden, können Sie Vorlagen, E-Mail-Konten usw. wie gewohnt mit Ihrem neuen Office-2010-Paket nutzen.

Kann ich Office 2010 vom System löschen?

Falls Sie Office nicht mehr nutzen möchten, können Sie das Paket natürlich auch wieder von Ihrem System löschen. Dafür wechseln Sie in die Systemsteuerung, die Sie im Start-Menü von Windows 7 finden. Öffnen Sie mit einem Mausklick unter „Programme", den Eintrag „Programm deinstallieren", um Software von Ihrem System zu löschen.

In der Systemsteuerung können Sie unter „Programme" installierte Software wieder deinstallieren.

In einer großen Tabelle finden Sie alle Programme, die auf Ihrem System installiert wurden. Suchen Sie hier den Eintrag „Microsoft Office Home and Business 2010" bzw. den Namen Ihres Office-Pakets. Fahren Sie nun mit dem Mauszeiger über den Eintrag und öffnen Sie mit einem Druck auf die rechte Maustaste das sogenannte Kontext-Menü. Hier finden Sie den Eintrag „Deinstallieren". Wenn Sie diesen anklicken, erscheint eine Sicherheitsabfrage, ob Sie die Software tatsächlich deinstallieren wollen. Wenn ja, dann klicken Sie auf die Schaltfläche „Ja" und die Deinstallations-Routine beginnt.

Bevor die Software endgültig gelöscht wird, müssen Sie noch diese Sicherheitsabfrage mit „Ja" beantworten.

Menüband

Cloud

Registerkarten

Maus

Tastatur

Tastenkombination

Formatieren

Gemeinsame Grundfunktionen

Microsoft® Office

Einige Parallelen der Pakete

Auch wenn alle Office-Module auf unterschiedliche Aufgaben spezialisiert sind, so sind die Grundfunktionen vergleichbar. Ein Programm wird geöffnet, Daten werden über die Tastatur oder ein anderes Dokument eingepflegt, die Daten werden formatiert und in Größe und Aussehen angepasst und schließlich als Datei gespeichert. Ebenso wie sich die Arbeitsschritte in einem Office-Programm ähnlich sind, so ähneln sich auch Aufbau und Funktion der einzelnen Pakete – was die Bedienung sehr erleichtert.

Wer mit Office 2010 arbeiten möchte, der muss einige wichtige Grundfunktionen kennen, z. B. wo man die einzelnen Module startet, wie ein Menüband verwendet wird und welche Befehle und Funktionen man benutzen kann, um an sein Ziel zu kommen. Diese Kapitel beschäftigen sich mit diesen wichtigen Funktionen.

Eins vorweg: Trauen Sie sich, Dinge auszuprobieren, denn so lernt man am besten den Umgang mit der Software. Nutzen Sie für die ersten Schritte immer ein Übungsdokument und keine wichtigen Dateien. Somit können Sie auch keine bedeutenden Daten löschen oder beschädigen. Allerdings muss man sich in Office-Anwendungen keine allzu große Sorge um Datenverlust machen, denn jede Aktion lässt

sich mit einer Tastenkombination wieder rückgängig machen. Um einen Schritt zurückzugehen, drücken Sie gleichzeitig die Tasten Strg + Z. Und schon kennen Sie die erste und sehr wichtige Office-Tastenkombination.

Wie starte ich ein Office-Programm?

Office-Module können Sie wie bereits beschrieben im Start-Menü unter „Alle Programme" im entsprechenden Ordner öffnen. Alternativ sind die einzelnen

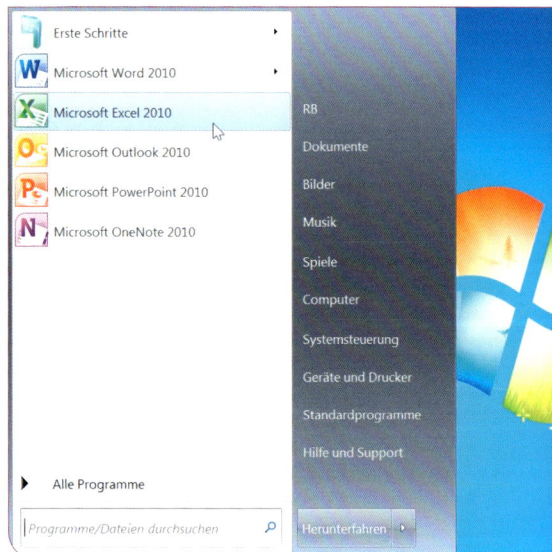

Nach einer Standard-Installation sind die Office-Module im Start-Menü angeheftet.

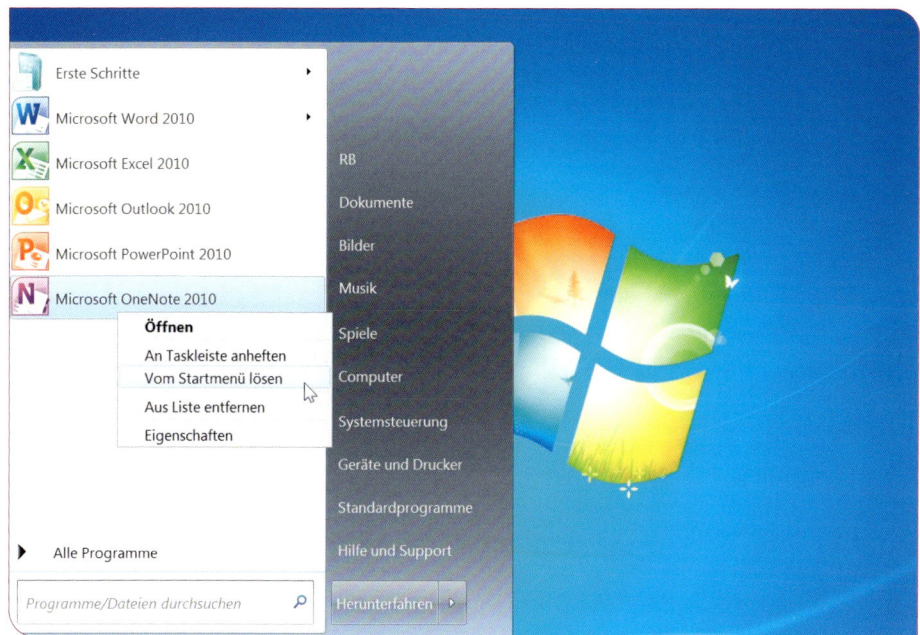

Im Kontextmenü können Sie Programm-
symbole im Start-Menü anpassen.

Module nach einer Standard-Installation auch im Start-Menü angeheftet und können hier mit einem Mausklick gestartet werden.

Wenn Sie mit dem Mauszeiger über einen Eintrag fahren und die rechte Maustaste drücken, dann öffnet sich ein sogenanntes Kontextmenü. Im Kontextmenü stehen verschiedene Befehle, mit denen Sie den Icon beeinflussen können.

„Öffnen" öffnet z. B. das Programm.

„Vom Startmenü lösen" entfernt den Eintrag aus der permanenten Programmliste im Startmenü. Das heißt, der Eintrag kann von anderen Programmsymbolen verdrängt werden, denn es werden immer nur die zuletzt geöffneten Programme gelistet. Die genaue Anzahl lässt sich individuell einstellen.

Der Eintrag **„Aus Liste entfernen"** löscht das Symbol aus dem Startmenü.

Die Backstage-Ansicht

Eine im Vergleich zu den Vorgängerversionen besonders auffällige Neuerung in Office 2010 ist die Backstage-Ansicht. Hier finden sich die Befehle, die zum Arbeiten mit einem Dokument genutzt werden.

Backstage?
Was kann man da tun?

In allen Office-2010-Modulen öffnen Sie die Backstage-Ansicht, indem Sie mit dem linken Mauszeiger auf die Registerkarte „Datei" klicken. Alternativ können Sie auch die Tastenkombination (beide Tasten gleichzeitig drücken) Alt + D nutzen. In der Backstage-Ansicht können Sie dann Ihre Daten verwalten, z. B. neue Dokumente öffnen oder sogenannte Meta-Daten einsehen, die Auskunft über den Autor, die Gesamtbearbeitungszeit oder die Anzahl der Seiten eines Dokuments geben können.

Wie ist das Fenster aufgeteilt?

Die Backstage-Ansicht ist in drei Spalten unterteilt:

1. Spalte:
In der linken Spalte finden Sie Befehle, wie sie in vielen Windows-Programmen unter dem Reiter „Datei" zu finden sind – z. B. auch in Office 2003. In Office 2007 sind diese Befehle dann zum Teil unter die Office-Schaltfläche gerutscht. In Office 2010 können Sie hier Dokumente öffnen, erstellen, speichern, schließen, drucken.

2. Spalte:
Die mittlere Spalte zeigt weitere Informationen zu vielen Befehlen an, die in der linken Spalte markiert wurden: in der Registerkarte „Drucken" z. B. die installierten Drucker.

Die Backstage-Ansicht eines neuen Word-Dokuments in Office 2010.

3. Spalte:

In der rechten Spalte werden weitere Informationen zu einem Dokument, einem Befehl oder einer Auswahl angezeigt. Beispielsweise die Metadaten oder ein Vorschaubild, wenn Sie eine Dokumentenvorlage auswählen.

Wie erstelle ich ein neues Dokument?

Wählen Sie in der linken Spalte den Befehl „Neu" aus, um ein neues Dokument zu erstellen. Danach können Sie in der mittleren Spalte eine Dokumentenvorlage auswählen. Wählen Sie „Leeres Dokument", um einen weißen Bogen zu erhalten, den Sie selbst gestalten können. Wählen Sie aber „Beispielvorlagen", ändert sich die Ansicht in der mittleren Spalte und Sie können aus verschiedenen Vorlagen wählen. Wenn Sie nun eine Vorlage mit dem Mauszeiger anklicken, wird in der rechten Spalte eine Vorschau angezeigt, die schon mal einen Eindruck des Layouts vermittelt. Wollen Sie die Vorlage

übernehmen und bearbeiten, dann führen Sie einen Doppelklick auf der Vorlage in der mittleren Spalte durch.

Ein Dokument müssen Sie spätestens nach dem Bearbeiten speichern, besser noch regelmäßig während der Arbeit. Um ein Dokument zu speichern, gibt es verschiedene Wege: Klicken Sie z. B. unter Datei auf „Speichern" und geben Sie im folgenden Dialog-Fenster einen Speicherort (Ordner) und einen aussagekräftigen Dateinamen an. Alternativ können Sie zum Speichern von Dokumenten auch die Tastenkombination Strg + S nutzen. Diese Tastenkombination ist besonders praktisch, um das Dokument von Zeit zu Zeit manuell abzuspeichern und somit zu sichern. Um ein Dokument abzuspeichern, können Sie wie bereits beschrieben verschiedene Dateiformate nutzen. Die Dateierweiterungen von Office 2010 lauten .docx (Word), xlsx (Excel) und .pptx (Power-Point). Office 2010 unterstützt aber auch viele weitere Formate, wie z. B. das beliebte PDF-Format.

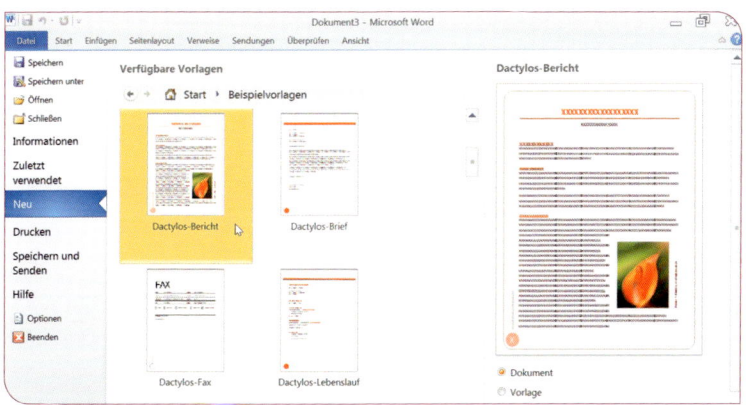

Word bringt Dokumentenvorlagen mit, die individuell angepasst werden können.

Die Registerkarten

Neben der Backstage-Ansicht sind die Registerkarten eines der wichtigsten Steuerelemente in Office 2010. Über sie werden die einzelnen Menübänder aufgerufen, die übersichtlich verschiedene Befehle und Formatierungsmöglichkeiten zum jeweiligen Register aufzeigen. Neben den Standardregisterkarten wie „Start", „Einfügen" oder „Seitenlayout", gibt es noch versteckte Registerkarten, die nur dann zu sehen sind, wenn ein bestimmter Inhalt bearbeitet wird.

Wenn Sie z.B. in einem Word-Dokument ein Bild einfügen und dieses markiert ist, erscheint eine neue Registerkarte mit dem Namen „Bildtools/Format". Hier können Sie kontentbezogene Funktionen aufrufen, wie zum Beispiel ein Bild zuschneiden oder einen Rahmen um eine Grafik stellen.

Können die Register verändert werden?

Die Register und das Menüband können in weiten Teilen den eigenen Vorstellungen angepasst werden, z.B. lassen sich einzelne Registerkarten ausblenden oder eigene Registerkarten anlegen. Um die Einstellungen zu ändern, müssen Sie die Word-Optionen aufrufen und den Eintrag „Menüband anpassen" auswählen. Die Word-Optionen finden Sie in der Backstage-Ansicht unter Optionen. Alternativ können Sie mit dem Mauszeiger auch auf eine Registerkarte fahren und das Kontextmenü (rechte Maustaste) öffnen. Hier wählen Sie den Eintrag „Menüband anpassen".

Über die Registerkarten können Sie das Menüband aufrufen, in dem verschiedene Befehle und Formatierungsmöglichkeiten hinterlegt sind.

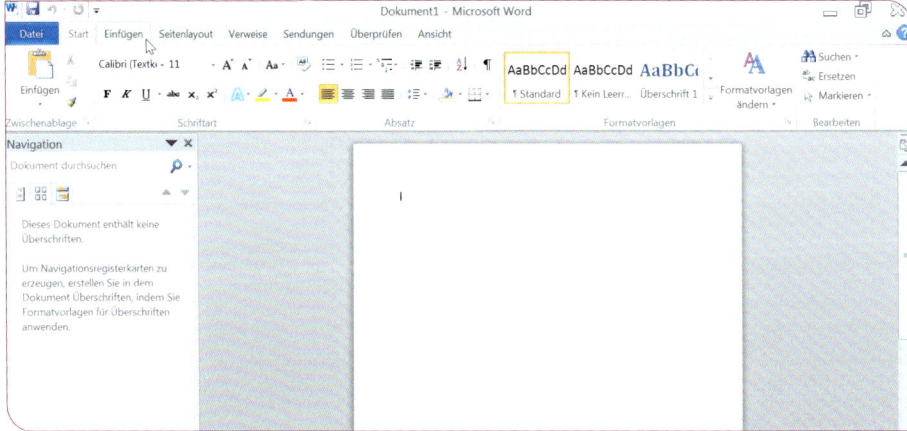

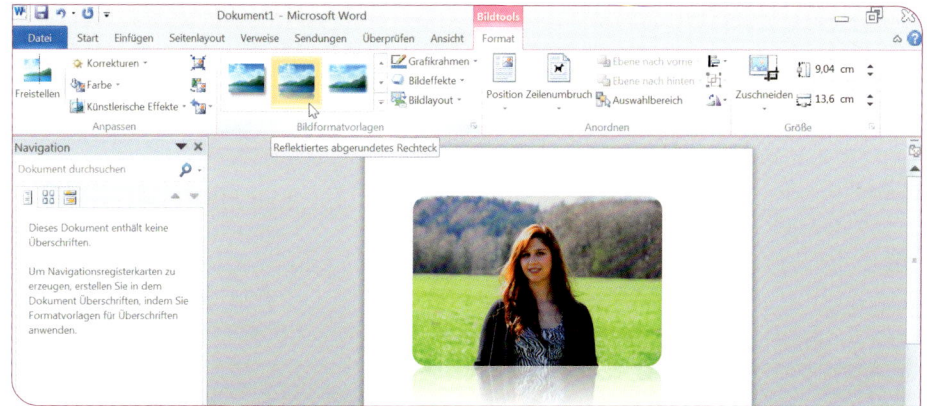

Neben den Standard-Registerkarten gibt es auch noch versteckte Karten,
die sich erst zeigen, wenn ein bestimmter Kontent ausgewählt ist.

Im Dialogfenster „Word-Optionen" können Sie in der rechten Fensterhälfte Hauptregisterkarten ein- bzw. ausschalten. Dazu müssen Sie nur neben der Registerkarte einen Haken setzen oder diesen entfernen. Außerdem können Sie hier neue Registerkarten anlegen oder in eine vorhandene Registerkarte eine individuelle Gruppe mit Befehlen einfügen.

Um einen Befehl in eine eigene Gruppe einzufügen, müssen Sie nur den entsprechenden Befehl aus der linken Spalte per Drag and Drop (das heißt mit dem Mauszeiger erfassen, linke Maustaste gedrückt halten und verschieben) in die rechte Gruppe verschieben oder einen Befehl auswählen und auf den Button „Hinzufügen" klicken.

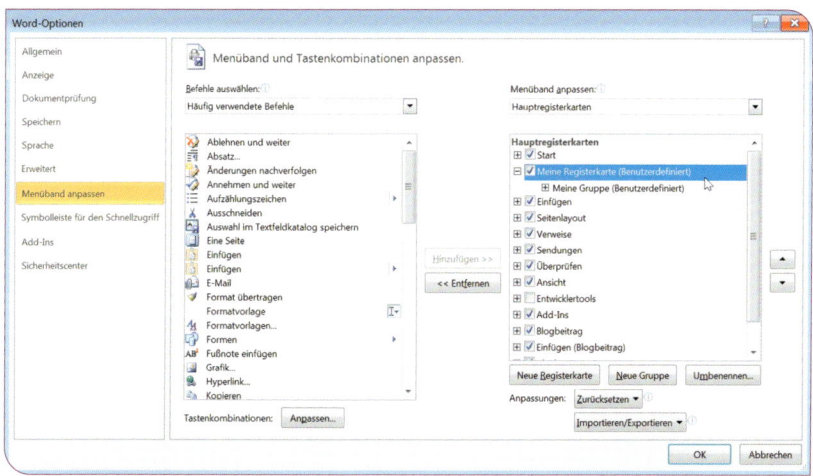

In den Word-Optionen lassen sich Registerkarten, Menüband
und Befehle individuell einstellen.

Das Menüband

Unterhalb der Symbolleiste von Office 2010 ist das Menüband angeordnet, das in Registerkarten und Unterkategorien wie eine Registratur gegliedert ist. Die mit dem Mauszeiger aktivierte Registerkarte wird farblich markiert. Der Inhalt des Menübands verändert sich entsprechend der Auswahl. Das Menüband der Registerkarte „Start" gliedert sich z. B. in die Bereiche „Zwischenablage", „Schriftart", „Absatz", „Formatvorlage" und „Bearbeiten".

Im Abschnitt „Schrift" finden Sie z. B. Einstellmöglichkeiten für Schriftart, Schriftgröße oder Schriftfarbe. Diese Parameter lassen sich über ein Pull-down-Menü anpassen. In der Registerkarte „Einfügen" sind solche Befehle hinterlegt, mit denen Sie Objekte wie Bilder, Grafiken oder Fußzeilen in das Dokument einbinden können. Auf der Registerkarte „Seitenlayout" finden Sie hingegen alle wichtigen Einstellungen, mit denen Sie das Layout anpassen können. Dazu zählen Parameter wie Seitenränder, Größe oder die Seitenfarben.

Nehmen Sie sich Zeit, das Menüband und die Unterkategorien ausgiebig zu erforschen und zu testen, denn hier haben Sie schnell Zugriff auf wichtige Einstellungen eines Dokuments.

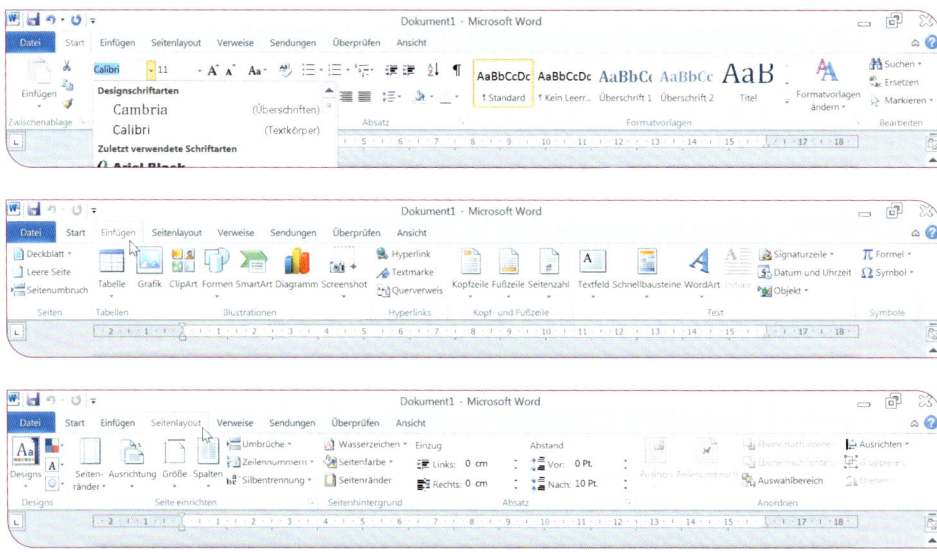

Auf jedem Menüband finden Sie die zur Registerkarte passenden Befehle in Untergruppen gegliedert.

Ja, Office 2010 zeigt in der Regel nur die wichtigsten Menübänder an. Menübänder, die aktuell nicht benötigt werden, blendet das Programm automatisch aus. So ist das Menüband nie mit nutzlosen Befehlen verstopft. Ein verstecktes Menüband ist beispielsweise „Bildtools", über das Sie die Größe eines Fotos anpassen oder ein digitales Bild zuschneiden können. Das Menüband „Bildtools" wird nur angezeigt, wenn im Dokument ein Bild markiert ist.

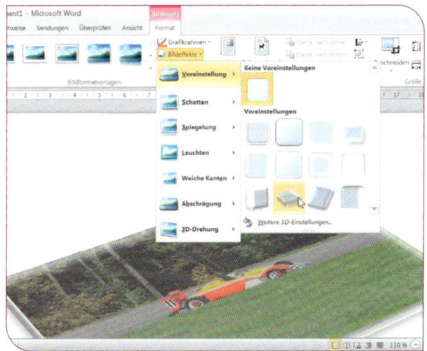

Unter der Registerkarte „Bildtools" finden Sie verschiedene Befehle zur Bildbearbeitung und für tolle Effekte.

Welche Schaltflächen gibt es im Menüband?

Im Menüband von Office 2010 finden Sie unterschiedliche Schaltflächen, z. B. Befehlsschaltflächen: Bei diesen reicht ein Mausklick auf das Symbol, um einen Befehl direkt auszuführen. Außerdem gibt es noch Drop- oder Pull-down-Menüs. Diese sind durch

ein kleines Dreieck gekennzeichnet. Klicken Sie auf die Schaltfläche, um ein Auswahlmenü mit weiteren Befehlen aufzurufen. Beispielsweise können Sie in der Registerkarte „Einfügen" das Pull-down-Menü „Formen" aufrufen, um zu einer Auswahl an Formen zu gelangen.

Außerdem gibt es noch eine Kombination aus Pull-down-Menü und Befehlsschaltfläche. Wenn Sie bei einer solchen Schaltfläche direkt auf das Symbol klicken, wird der Befehl ausgeführt. Klicken Sie auf das Dreieck, erscheint ein Auswahlmenü. Zusätzlich gibt es auch noch Eingabefelder in Kombination mit einem Pull-down-Menü. Ein solches Feld finden Sie z. B. unter „Start". Wenn Sie hier die Schriftgröße anpassen möchten, können Sie entweder eine Zahl im Pull-down-Menü auswählen oder die Zahl über die Tastatur direkt eingeben.

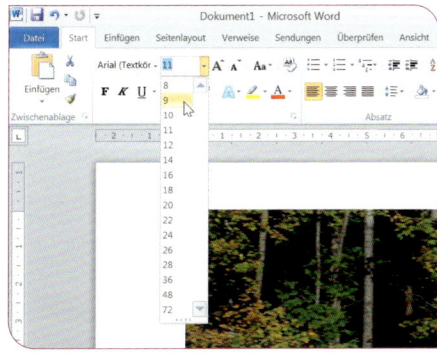

Im Menüband von Office 2010 finden sich unterschiedliche Schaltflächen. Hier eine Kombination aus Pull-down-Menü und Eingabefeld.

Office 2010 anpassen

Wie die Registerkarten und das Menüband an die eigenen Vorstellungen angepasst werden können, haben Sie bereits kennengelernt. Allerdings gibt es noch viele weitere Punkte, die in diesem Office-Paket geändert werden können. Einige wichtige Möglichkeiten stellen wir Ihnen kurz vor:

Wo kann ich das Dateiformat ändern?

Wer Office-Daten mit anderen Nutzern austauscht, die Office 2007 oder 2010 verwenden, der kann das voreingestellte Standarddateiformat nutzen. Sollen aber regelmäßig Daten mit Anwendern älterer oder andere Office-Pakete aus-

gewechselt werden, können Sie, wie bereits beschrieben, bei jedem Abspeichern das passende Dateiformat wählen oder das Standarddateiformat ändern. Dann werden alle Dokumente automatisch in dem eingestellten Format im ausgewählten Verzeichnis abgelegt.

Das Standarddateiformat können Sie in den „Optionen" verändern, die Sie in der Backstage-Ansicht öffnen können. Wählen Sie in den Optionen in der linken Spalte den Eintrag „Speichern" aus. Im rechten Fensterfeld können Sie nun über ein Pull-down-Menü das Dateiformat festlegen. Klicken Sie dafür neben „Dateien in diesem Format speichern" auf das Kästchen mit dem

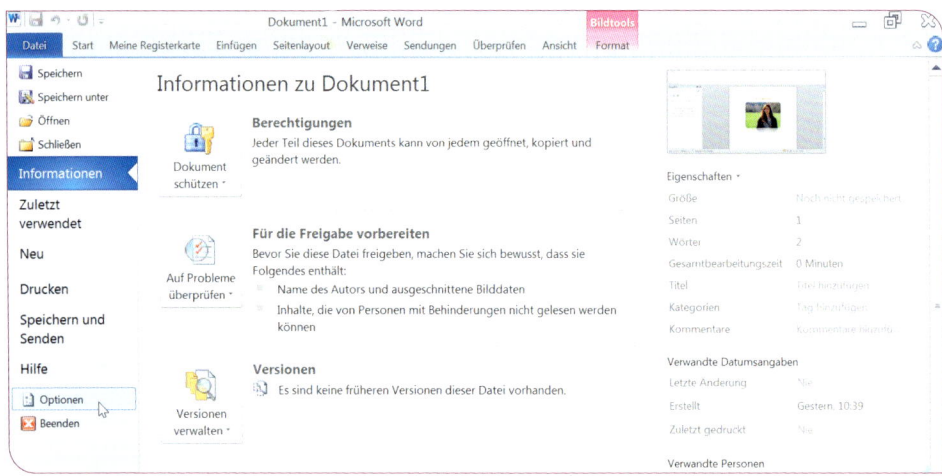

Verschiedene Parameter für Office 2010 lassen sich unter „Optionen" in der Backstage-Ansicht verändern.

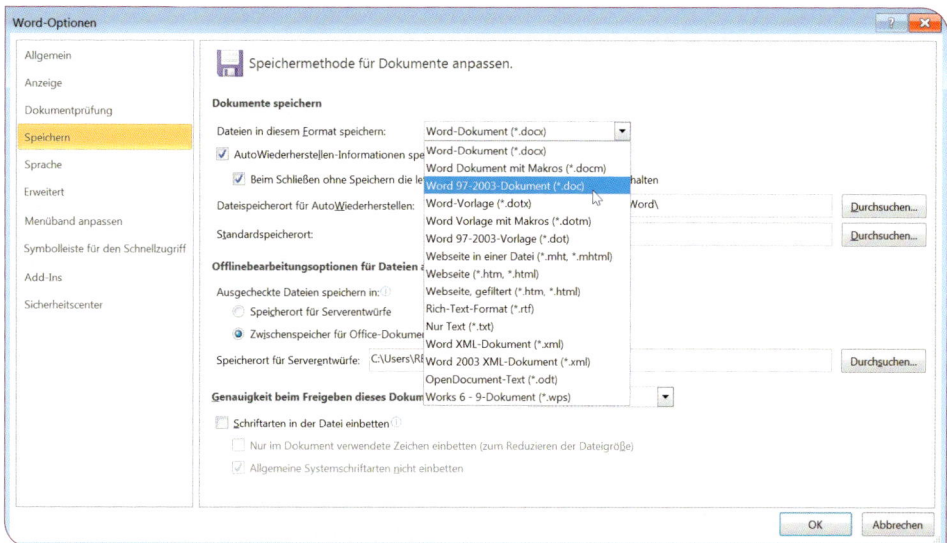

Das Standarddateiformat für ein Office-Programm können Sie unter „Optionen"/„Speichern" anpassen.

Dreieck, um das Pull-down-Menü zu öffnen und wählen Sie ein Format mit dem Mauszeiger aus.

 Wie lässt sich der Speicherort bestimmen?

Neben dem Dateiformat können Sie unter „Speichern" auch den Standard- speicherort bestimmen. Denn nicht jeder Anwender möchte seine Daten im voreingestellten Ordner „Documents" ablegen. Klicken Sie auf die Schaltflä- che „Durchsuchen" neben dem Eintrag „Standardspeicherort" und wählen Sie im folgendem Fenster ein passendes Verzeichnis aus oder legen Sie einen neuen Ordner (Schaltfläche „Neuer

Ordner") an. Übernehmen Sie die Änderungen mit einem Mausklick auf den Button „OK".

 **Was ist AutoWieder- herstellen?**

Das AutoWiederherstellen ist eine wichtige Option, um sich vor Daten- verlust zu schützen, z. B. wenn bei der Bearbeitung von Dokumenten der Strom ausfällt oder sich das System aufhängt. Ist diese Option aktiv, wer- den nach einem vorgegebenen Zeitin- tervall wichtige Informationen gespei- chert, um Daten und Informationen nach einem plötzlichen Aus wieder- herstellen zu können.

Office 2010 mit Maus und Tastatur bedienen

Wie alle Windows-Programme ist auch Office 2010 auf die Steuerung mit Maus und Tastatur ausgelegt. Dabei können verschiedene Befehle mit der Maus oder alternativ mit einer Tastenkombination durchgeführt werden, wie z. B. Texte oder Bilder markieren, verschieben oder löschen. Die Arbeitsschritte ähneln sich dabei in den einzelnen Office-Modulen stark, sodass Sie in Word, Excel, Outlook und PowerPoint ähnliche Maus- und Tastenfunktionen vorfinden. Die wichtigsten Funktionen von Maus und Tastatur erklären wir Ihnen auf den folgenden Seiten:

Speichern Sie Ihre Dokumente regelmäßig ab.

Die wichtigste Tastenkombination haben Sie bereits kennengelernt: Strg + S speichert das aktuell geöffnete Dokument. Dieser Befehl sollte regelmäßig durchgeführt werden, um sich vor Datenverlust zu schützen. Denn kaum etwas ist beim Arbeiten mit einem Office-Dokument ärgerlicher, als wenn man Stunden an einem Text sitzt, der Rechner ausfällt und alle Daten und Änderungen verloren sind.

 Wie füge ich Daten ein?

Daten werden immer an der aktuellen Cursor-Position eingefügt, die in Word in der Regel durch einen blinkenden

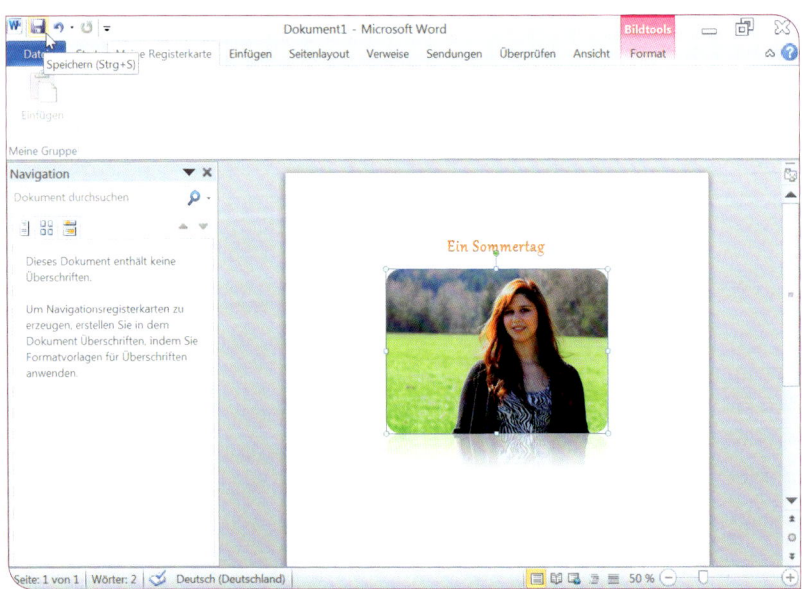

Die Cursor-Position lässt sich mit den markierten Tasten verändern.

senkrechten Balken angezeigt wird oder durch eine markierte Zelle (Excel) gekennzeichnet ist. Leider steht der Cursor nicht immer da, wo ihn der Anwender gerade haben will, darum müssen Sie diese „Eingabemarke" an die exakte Position setzen. Das können Sie zum einen mit der Maus, zum anderen mit der Tastatur tun.

Fahren Sie, z. B. in Word, mit der Maus an eine Textstelle, an der Sie etwas einfügen möchten. Drücken Sie dann auf die linke Maustaste. Schon erscheint der Cursor an der Position des Mauszeigers.

Alternativ kann die Cursor-Position auch mit den Pfeiltasten sowie den Tasten „Pos1", „Ende", „Bild ↑" und „Bild ↓" der Tastatur angepasst werden.

Die Pfeiltasten eignen sich dazu, den Cursor in kleinen Schritten zu verschieben, z. B. um ein Zeichen oder eine Zeile in Word oder eine Zelle in Excel. Wenn Sie die Pfeiltasten bei gedrückter Strg-Taste verwenden, dann verschiebt sich der Cursor in Word z. B. ein Wort nach links bzw. nach rechts oder einen Absatz nach oben bzw. nach unten.

Mit den Tasten „Pos1" und „Ende" kommen Sie an den Zeilenanfang bzw. das Ende in Word. Ähnliche Funktionen bekleiden die Tasten in den anderen Office-Paketen.

Die Tasten „Bild ↑" und „Bild ↓" dienen dazu, mit dem Cursor große Sprünge nach oben und nach unten in einem Dokument zu machen.

Wie kann ich Daten ändern?

Wer Daten in einem Office-Modul ändern möchte, der muss diese zunächst markieren. Ansonsten weiß das Programm nicht, welcher Bereich geändert werden soll. Zum Markieren eines Abschnitts können Sie zwischen der Maus und der Tastatur wählen. Dabei ist für diese Aufgabe die Maus besser geeignet, da es mit ihr schneller geht – allerdings benötigt man etwas Übung dafür. Der Weg über die Tastatur ist etwas aufwendiger – dafür aber leicht zu erlernen.

Wie wähle ich Daten mit der Maus aus?

Wenn z. B. ein Text markiert werden soll, dann fahren Sie mit dem Mauszeiger an den Anfang bzw. an das Ende des zu markierenden Bereichs. Halten

Texte können einfach mit dem Mauszeiger markiert werden.

Sie nun die linke Maustaste gedrückt und fahren Sie den Mauszeiger über den Bereich, der markiert werden soll. Anschließend können Sie die Maustaste loslassen und der markierte Abschnitt ist farblich hinterlegt. Andere Daten, wie z. B. Bilder, können einfach angeklickt werden, um sie zu markieren. Ein markiertes Foto in einem Word-Dokument wird mit einem Rahmen und verschiedenen Anfassern (eckige und runde Markierungen) angezeigt.

Um ein Bild zu markieren, müssen Sie dieses nur mit dem Mauszeiger anklicken.

Wie wähle ich Daten mit Tasten aus?

Sie können unterschiedliche Bereiche auch mit den Navigationstasten, das sind die Pfeiltasten, sowie mit den Tasten „Pos1", „Ende", „Bild ↑" und „Bild ↓", markieren. Allerdings müssen Sie zusätzlich noch die sogenannte Umschalttaste

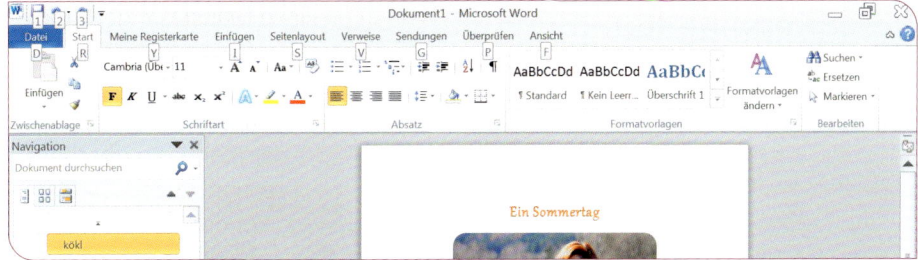

Wenn Sie die Alt-Taste gedrückt halten, zeigt Word an, welche Tastenkombinationen mit „Alt" möglich sind.

gedrückt halten, die es zweimal auf ihrer Tastatur gibt und die mit einem Pfeil, der nach oben zeigt, gekennzeichnet ist. Positionieren Sie den Cursor wie beschrieben. Ist er an der zu markierenden Stelle, drücken Sie die Umschalttaste, die häufig auch als Shift-Taste bezeichnet wird. Bewegen Sie nun den Cursor mit den Navigationstasten, um einen Bereich zu markieren. Lassen Sie die Shift-Taste los, wenn der gewünschte Bereich markiert ist. Außerdem können Sie mit weiteren

Tastenkombinationen arbeiten, z. B. mit der Alt-Taste, um Office-Programme zu bedienen. Halten Sie einfach die Alt-Taste gedrückt, und Office verrät Ihnen, mit welcher Tastenkombination Sie was machen können.

Viele weitere Tastenkombinationen begleiten Sie ständig bei der Arbeit mit Office 2010. Die wichtigsten Tastenkombinationen haben wir hier zusammengetragen:

Tastaturkürzel

Tastenkürzel	Beschreibung
F1-Taste	Hilfe
Strg+A	Alles auswählen
Strg+C	Markiertes Objekt kopieren (in die Zwischenablage)
Strg+X	Markiertes Objekt ausschneiden (in die Zwischenablage)
Strg+V	Objekt aus der Zwischenablage einfügen
Strg+Z	Schritt rückgängig machen
Strg+P	Dokument drucken
Strg+N	Neues Dokument öffnen
Strg+O	Dokument öffnen
Strg+S	Dokument speichern
Strg+F	Suchen im Dokument
Strg+W	Aktion wiederholen

Office überall nutzen

Das Arbeiten in der Wolke, der sogenannten Cloud, wird immer mehr nach-
gefragt. Doch was versteht man darunter? Ganz einfach: Der Anwender muss
nicht an seinem eigenen Rechner sitzen,
um zu arbeiten, sondern kann von jedem
internetfähigen PC auf seine Daten
zugreifen oder Programme ausführen.
Diesen Trend unterstützt auch Office
2010, indem es den direkten Zugriff auf
einen sogenannten SkyDrive erlaubt,
der im Windows-Live-Paket enthalten
ist. SkyDrive ist ein Speicherplatz im
Internet, auf den man mit einem Web-
Browser oder einem Office-Programm
zugreifen kann.

In der Backstage-Ansicht können Sie
Dokumente auch im Internet auf einem
sogenannten SkyDrive ablegen.

Wie kann ich SkyDrive nutzen?

Es ist lediglich eine Registrierung bei
Windows-Live von Microsoft notwen-
dig, um Office-Dokumente und andere
Daten im Internet abzulegen. Soll beispielsweise ein Word-Dokument in der
Cloud gespeichert werden, wechseln
Sie zunächst in die Backstage-Ansicht
und wählen Sie die Option „Speichern
und Senden". Wählen Sie nun „Im
Web speichern" aus. In der rechten
Spalte „In Windows Live speichern"
müssen Sie sich anmelden. Haben Sie
noch kein Konto bei Windows Live,
müssen Sie sich zunächst mit einer
gültigen E-Mail-Adresse bei dem Service anmelden. Haben Sie bereits einen
Zugang, können Sie Ihre vorhandenen
Zugangsdaten angeben. Nach einer
erfolgreichen Anmeldung (engl. Log-
in), können Sie Ihr Dokument in einem

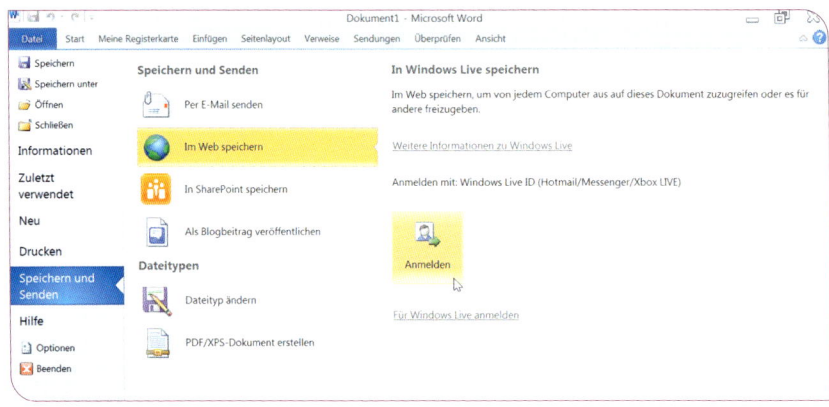

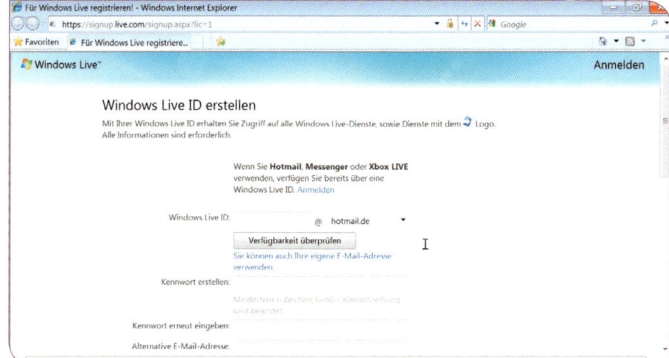

Um den SkyDrive-Service nutzen zu können, müssen Sie zunächst ein Konto bei Windows Live einrichten.

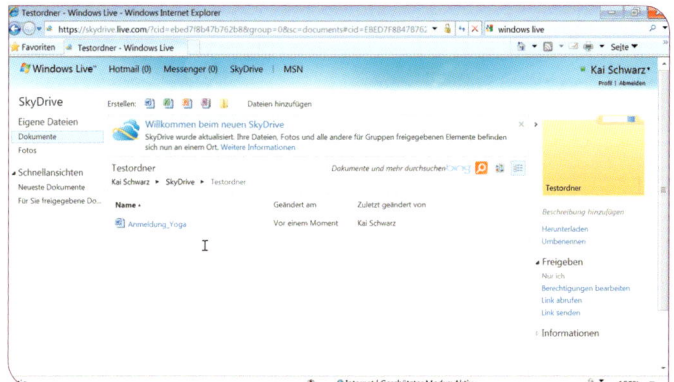

Das Dokument finden Sie dann in dem von Ihnen angegebenen Ordner.

Ordner ablegen. Nachdem das Dokument gespeichert wurde, können Sie dieses von jedem internetfähigen Computer mit passendem Web-Browser aufrufen, denn in Windows Live gibt es auch eine abgespeckte Version von Word, Excel, PowerPoint und OneNotes, sodass auf dem Rechner selbst kein Office-Paket installiert sein muss.

Mit diesen Cloud-Versionen von Office können Sie die Dokumente auch bearbeiten, indem Sie z. B. Texte und Formatierungen wie Schriftfarben verändern. Allerdings ist der Funktionsumfang auf das Nötigste beschränkt.

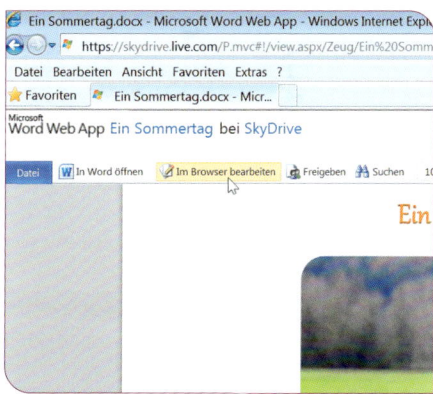

Unter Windows Live können Sie einfache Änderungen an verschiedenen Office-Dokumenten durchführen, ohne dass das Paket auf dem Rechner installiert wurde.

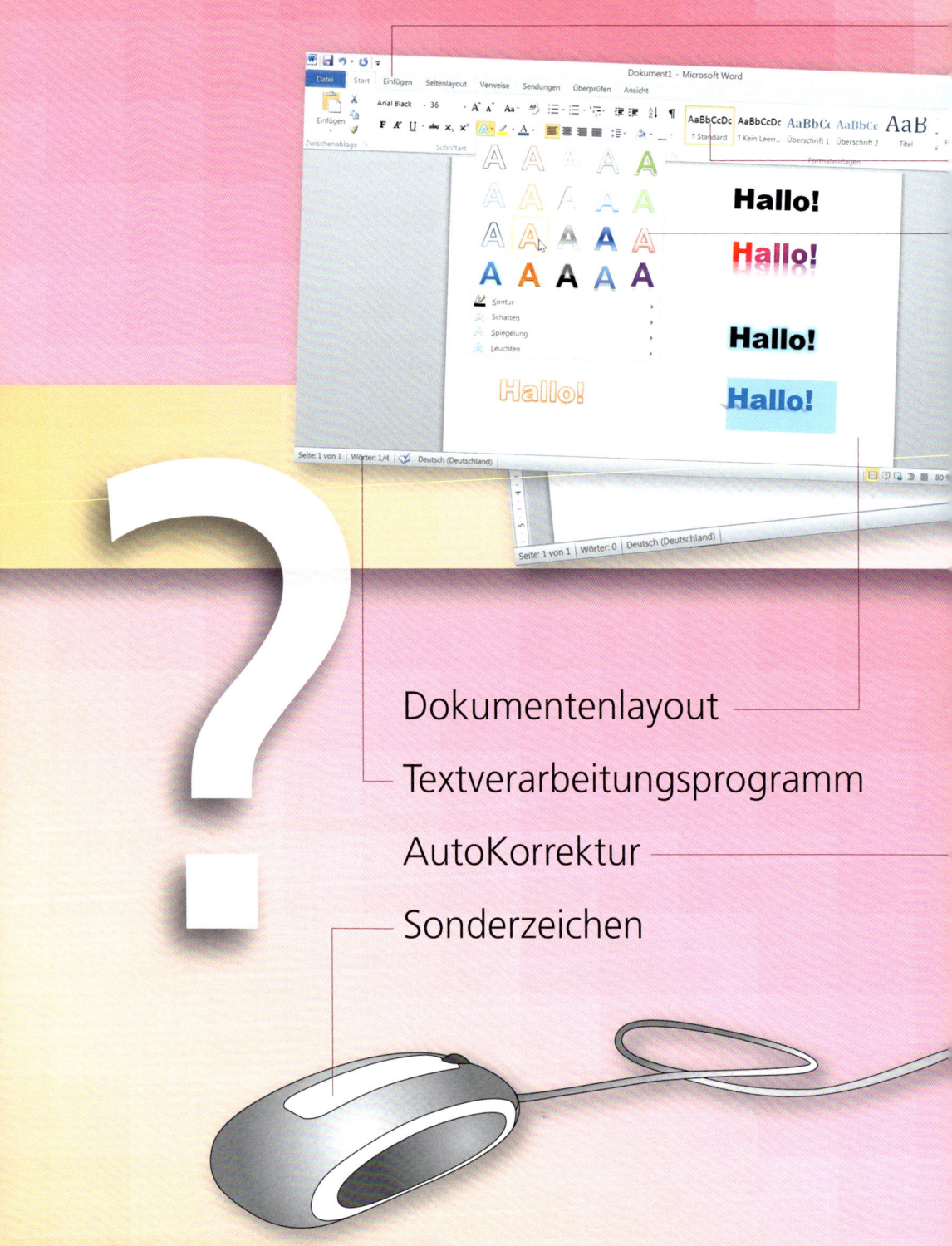

Dokumentenlayout

Textverarbeitungsprogramm

AutoKorrektur

Sonderzeichen

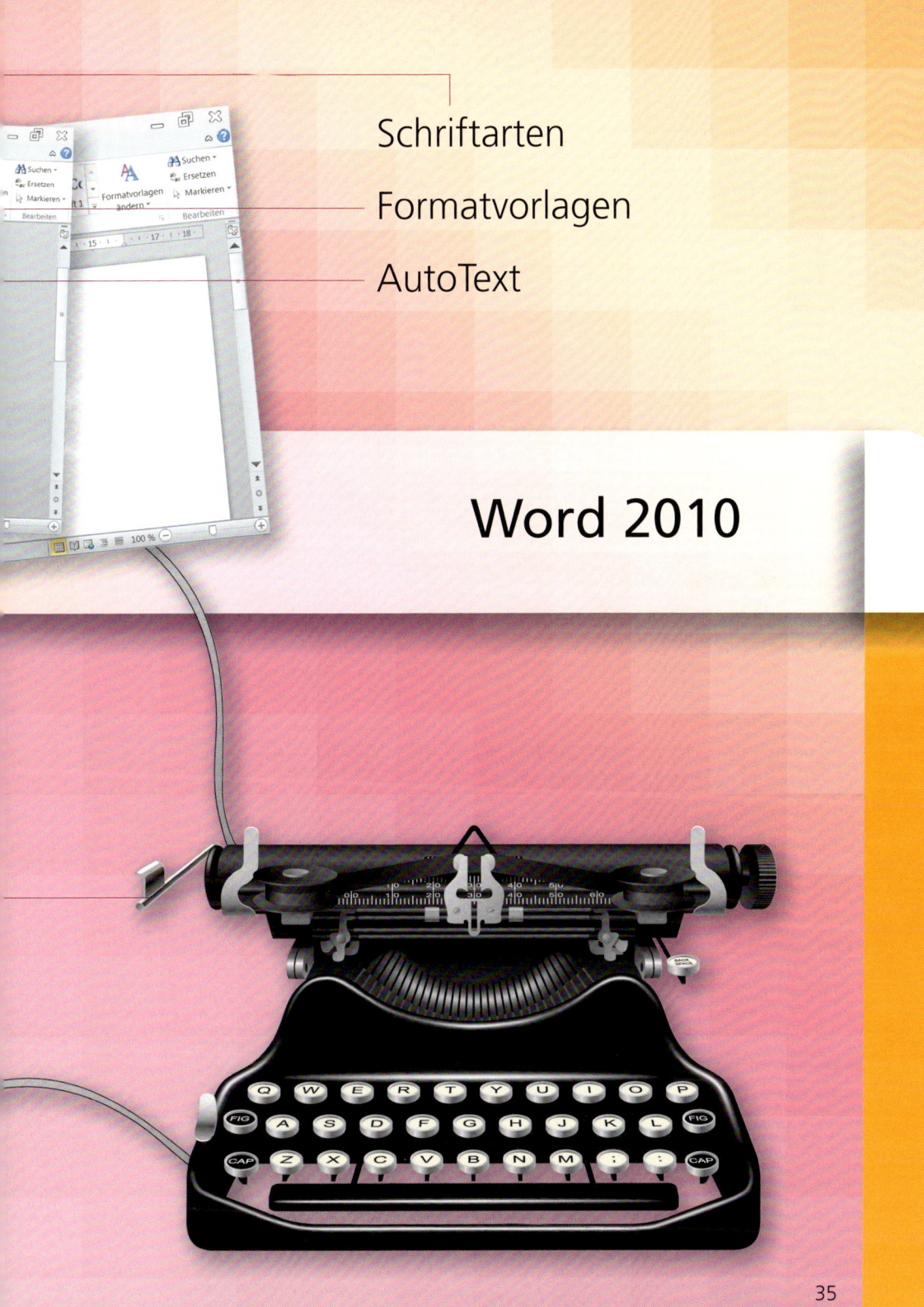

Schriftarten

Formatvorlagen

AutoText

Word 2010

Word, die digitale Schreibmaschine

Textverarbeitung ist vermutlich eine der häufigsten Aufgaben, die mit einem Computer erledigt werden. Egal ob beruflich oder privat, es gibt kaum einen Anwender, der nicht von Zeit zu Zeit ein Textdokument aufruft, verändert und speichert. Neben einem Computer braucht man für diese Aufgabe natürlich auch ein Textverarbeitungsprogramm wie Word 2010. Hier können Sie Texte über die Tastatur eingeben und gestalten. Dabei werden Texte, Bilder und Grafiken immer an der aktuellen Cursor-Position in das Dokument eingefügt. Auch wenn sich dieses Buch an Word 2010 anlehnt, können die meisten hier erklärten Arbeitsschritte und Programmfunktionen auf ältere Versionen und andere Office-Module übertragen werden.

Starten Sie Word 2010 im Start-Menü. Das Programm legt beim Öffnen automatisch ein Dokument an, in das Sie an der Cursor-Position sofort etwas schreiben können. Außerdem sehen Sie das bereits erklärte Menüband mit seinen Registerkarten und am oberen Fensterrand die Titelleiste, in der der Dokumentenname steht. Word nennt das erste Dokument einfach Dokument1. Öffnen Sie ein weiteres Dokument, wird es Dokument2 genannt, ein drittes Dokument3 usw. Gefällt Ihnen der Name nicht, können Sie ihn beim Abspeichern ändern. Wählen Sie für Dokumente immer einen aussagekräftigen Namen, damit Sie ihn später schnell wiederfinden.

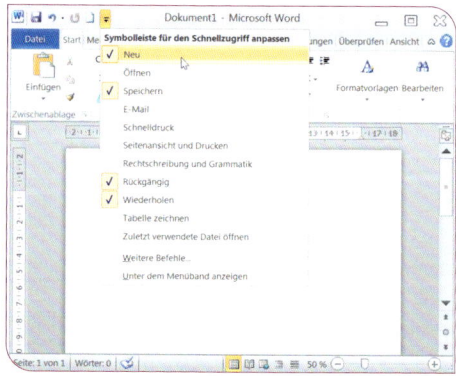

Verwenden Sie die Symbolleiste, um verschiedene Befehle zu nutzen.

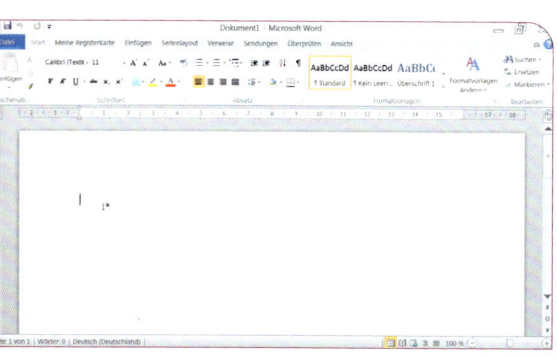

Nach dem Start öffnet Word 2010 automatisch ein neues Dokument.

In der linken Hälfte der Titelleiste finden Sie zudem Symbole, die Ihnen einen Schnellzugriff auf verschiedene Befehle und Funktionen ermöglichen, z. B. „Dokument speichern" (Disketten-Symbol) oder „Rückgängig". Wenn Sie weitere Befehle hinzufügen möchten, klicken Sie auf die Schaltfläche neben den Symbolen, um ein Auswahlmenü zu öffnen. Hier können Sie weitere Befehle auswählen, z. B. „Neu", um schnell ein neues Dokument zu öffnen, oder „Rechtschreibung und Grammatik", um mit einem Mausklick die Rechtschreibprüfung zu starten.

Lässt sich die Fenstergröße anpassen?

In der Titelleiste befinden sich rechts verschiedene Symbole, mit denen die Fenstergröße beeinflusst bzw. das Fenster geschlossen werden kann. Mit dem Balken können Sie das Programmfenster minimieren, sodass es nur noch in der unteren Taskleiste zu sehen ist. Klicken Sie auf das Viereck, nimmt das Programmfenster den ganzen Bildschirm ein und das Symbol verändert sich in zwei übereinanderliegende Vierecke. Klicken Sie auf dieses Symbol, um das Fenster wieder zu verkleinern. Denselben Effekt erhalten Sie übrigens, wenn Sie den Mauszeiger auf die Titelleiste setzen und einen Doppelklick ausführen.

Füllt das Programmfenster nicht den ganzen Bildschirm, können Sie die Größe manuell verändern. Fahren Sie mit dem Mauszeiger auf den Fensterrand. Wenn sich der Zeiger in einen Doppelpfeil verwandelt, können Sie die linke Maustaste drücken, um den Rand zu erfassen und mit einer Mausbewegung zu verschieben.

Mit den Symbolen _ , □ und X in der Titelleiste können Sie das Fenster minimieren, verkleinern bzw. maximieren oder schließen.

Passen Sie die Fenstergröße einfach mit dem Mauszeiger an.

Die Menübänder von Word 2010

Nachdem Sie Word aufgerufen haben, das Fenster platziert ist und ein Dokument das Programmfenster füllt, können Sie sofort lostippen und den Text abspeichern oder ausdrucken. Schöner wird Ihr Dokument aber, wenn Sie es formatieren. Für diesen Zweck finden Sie in den unterschiedlichen Menübändern diverse Hilfsmittel. Nach dem Öffnen von Word ist die Registerkarte „Start" geöffnet, die in die Bereiche „Zwischenablage", „Schriftart", „Absatz", „Formatvorlage" und „Bearbeiten" unterteilt ist.

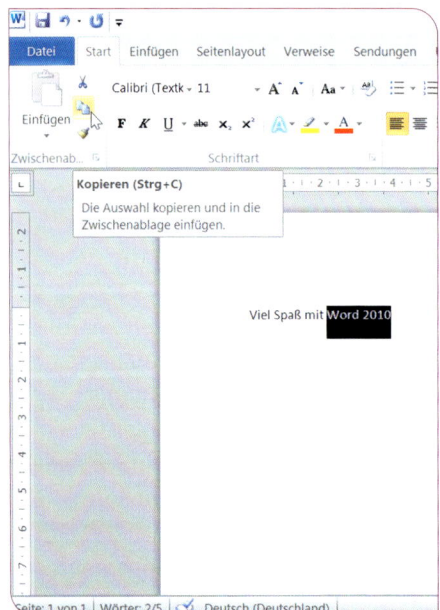

Im Abschnitt „Zwischenablage" können Sie Daten ausschneiden, kopieren und wieder einfügen.

Ganz links im Abschnitt „Zwischenablage" finden Sie ein Klemmbrett-Symbol, mit dem Sie Inhalte in Ihr Dokument kopieren können. Um einen markierten Bereich auszuschneiden, dient die Schere (Tastenkombination: Strg + X). Unter der Schere befindet sich ein Symbol, das zwei übereinanderliegende Seiten zeigt. Klicken Sie auf dieses Symbol, wenn Sie einen markierten Bereich kopieren möchten (Tastenkombination: Strg + C). Das Pinsel-Symbol hilft Ihnen, Formatierungen von einem Abschnitt auf einen anderen zu übertragen.

Wie kann ich die Schrift verändern?

Sie haben bereits die ersten Worte in Ihr neues Word-Dokument getippt, doch irgendwie gefällt Ihnen weder die Schriftart noch die Schriftfarbe? Kein Problem, denn Word 2010 bringt eine große Auswahl an unterschiedlichsten Schriftarten mit. Im Menübereich „Schriftart" können Sie Schriftschnitt, Größe, Farbe und viele weitere Parameter anpassen. Um eine Schrift zu verändern, können Sie entweder einen bereits vorhandenen Text markieren, auch nur einen Teil davon, und die Schriftart dann anpassen oder eine Schriftart für einen neuen Text bestimmen. Die Einstellungen werden dann ab der aktuellen Cursor-Position übernommen.

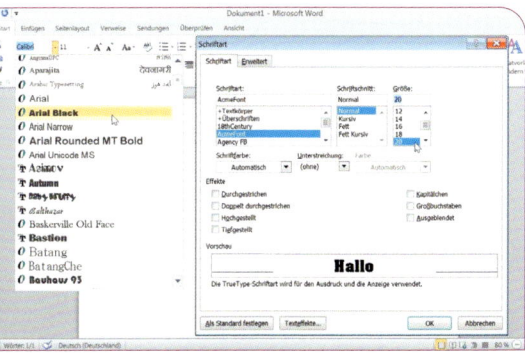

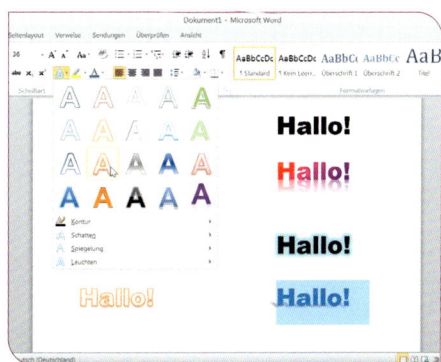

Schriftarten können Sie unter dem Reiter „Start" oder im „Schriftart"-Fenster anpassen.

Versehen Sie Schriften mit verschiedenen Texteffekten.

Wählen Sie im entsprechenden Pull-down-Menü „Schriftart", „Größe" und mehr aus. Außerdem können Sie noch den sogenannten „Schriftschnitt" bestimmen. Das heißt, ob die Buchstaben normal, kursiv oder fett dargestellt werden sollen. Für diese Auswahl stehen entsprechende Buttons zur Verfügung. Zusätzlich können Sie ein „Schriftart"-Fenster aufrufen, in dem sich alle relevanten Parameter mit der Maus einstellen lassen. Um das Fenster zu öffnen, klicken Sie mit der rechten Maustaste in das Dokument und wählen Sie im Kontextmenü den Eintrag „Schriftart". Alternativ können Sie verschiedene Tastenkombinationen nutzen, um direkt im Fenster eine bestimmte Einstellung anzubringen. Wollen Sie z. B. das „Schriftart"-Fenster öffnen und den Eintrag „Schriftart" markieren, dann nutzen Sie die Tasten Strg + Shift + A. Um direkt die Schriftgröße zu erreichen, drücken Sie parallel die Tasten Strg + Shift + P.

Tipp: Word 2010 bietet noch einen weiteren Weg an, um einen markierten Text mit wenigen Mausklicks anzupassen. Wenn Sie mit dem Mauszeiger über einen markierten Textabschnitt fahren, erscheint über diesem ein kleines, transparentes Toolfenster. Je weiter Sie nun mit dem Mauszeiger Richtung Fenster fahren, desto deutlicher ist es zu sehen. In dem Fenster haben Sie direkten Zugriff auf verschiedene Parameter wie Schriftart, Größe oder Farbe. So ersparen Sie sich den Weg über Pull-down-Menüs und separate Fenster, wenn Sie eine Schriftart anpassen möchten.

Über markierten Texten erscheint ein Toolfenster.

Wie passe ich Absätze an?

Im Menübereich „Absatz" können Sie über verschiedene Schaltflächen den markierten Text ausrichten, z.B. rechtsbündig, zentriert oder linksbündig.

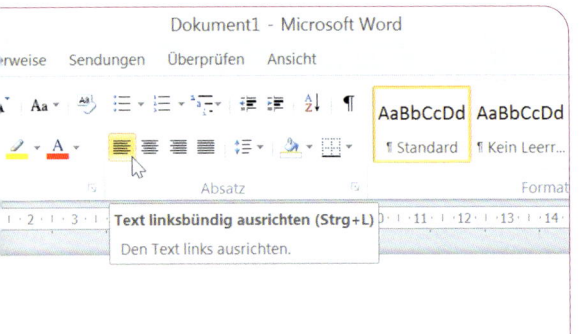

Mit einem Mausklick können Sie Textabschnitte ausrichten – z.B. linksbündig.

Tipp: Fahren Sie mit dem Mauszeiger über die einzelnen Symbole, um Informationen über die Funktion zu erhalten.

Außerdem können Sie im Menübereich „Absatz" die Formatierungssymbole ein- bzw. ausblenden. Diese zeigen Ihnen Formatierungen im Text an, wie z.B. Absätze oder Leerzeichen. So können Sie z.B. doppelte Leerzeichen schneller erkennen.

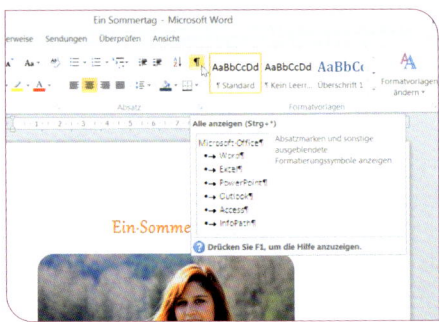

Wenn Sie auf das sogenannte Formatierungssymbol klicken, erscheinen Absatzmarken, Leerzeichen und weitere Symbole im Text.

Kann man Einzug und Zeilenabstand ändern?

Der voreingestellte Zeilenabstand passt nicht immer. Ebenso der Einzug eines Absatzes oder eines Textes. Wer diesen verändern möchte, der findet im Menüabschnitt „Absatz" unter dem Reiter „Start" die passenden Schaltflächen.

Wollen Sie z.B. den Einzug verändern, das heißt, der Text soll nicht am voreingestellten Seitenrand anfangen, können Sie dies über die Schaltfläche

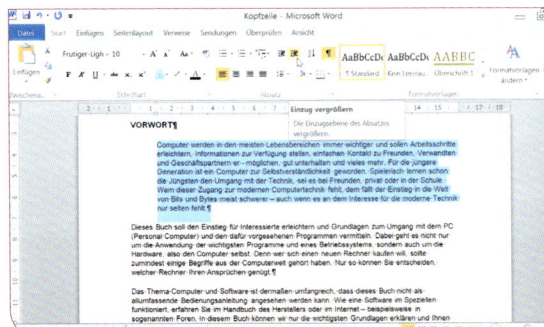

Bei Bedarf kann der Texteinzug einfach angepasst werden.

„Einzug" machen. Markieren Sie den entsprechenden Textabschnitt und klicken Sie mit dem Mauszeiger auf den entsprechenden Button. Schon verschiebt sich der Textanfang nach links bzw. nach rechts.

Der Zeilenabstand lässt sich ebenfalls anpassen. Markieren Sie einen Bereich in Ihrem Text und wählen Sie im Pull-down-Menü unter der Schaltfläche „Zeilenabstand" einen beliebigen Absatz aus.

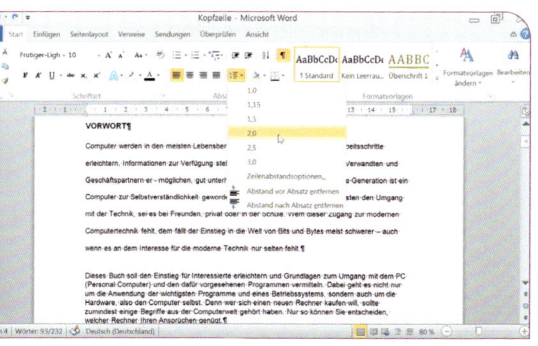

Den Zeilenabstand können Sie in einem Pull-down-Menü auswählen.

Sie können den Einzug und den Zeilenabstand im Dialogfeld „Absatz" aber auch manuell einstellen. Um das Dialogfeld zu öffnen, können Sie entweder im Pull-down-Menü den Eintrag „Zeilenabstandsoption" auswählen oder das Dialogfeld mit der kleinen Erweiterungs-Schaltfläche öffnen, die Sie in vielen Menübereichen im rechten unteren Eck finden.

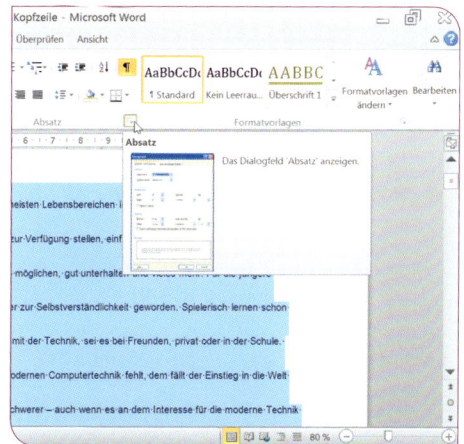

Ein Dialogfeld können Sie mit der Schaltfläche öffnen, die sich in vielen Bereichen rechts unten im Menübandbereich befindet.

Tipp: Rufen Sie das entsprechende Dialogfeld zu einem Menübandabschnitt auf, um gleich mehrere Einstellungen parallel zu bearbeiten:

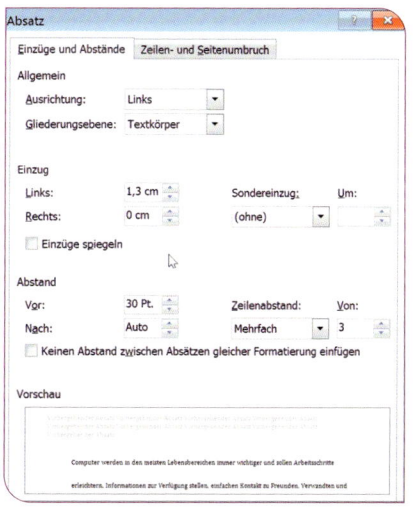

In einem Dialogfeld können Sie gleich mehrere Parameter für einen bestimmten Bereich festlegen.

Wozu brauche ich Formatvorlagen?

Mit Formatvorlagen lassen sich markierte Texte schnell anpassen. Setzen Sie den Cursor einfach in einen beliebigen Bereich (oder markieren Sie einen Textteil) und fahren Sie mit dem Mauszeiger über eine Formatvorlage. Mögliche Änderungen werden sofort im ausgewählten Textbereich angezeigt. Gefällt Ihnen das Format, übernehmen Sie es einfach mit einem Mausklick (linke Maustaste).

Wie kann ich einen Begriff suchen?

Es kommt oft vor, dass man im Text nach einem Wort suchen möchte, z. B. um einen bestimmten Abschnitt im Text zu finden – oder dass man ein Wort in einem Text durch ein anderes ersetzen möchte. Für diesen Zweck findet man im Menübereich „Bearbeiten" entsprechende Einträge, die ein Dialogfenster öffnen. Wählen Sie z. B. „Suchen", um nach einem bestimmten Wort im Text zu suchen. Ist das ins Suchfenster eingegebene Wort vorhanden, wird es automatisch im Text markiert, auch wenn es mehrfach vorhanden ist.

Praktisch ist auch die Funktion „Ersetzen", wenn Sie ein Wort, das im Text mehrfach vorhanden ist, ersetzen möchten, z. B. wenn ein Name falsch geschrieben wurde. Einen solchen Fehler übersieht die Rechtschreibprüfung in der Regel und der Fehler muss manuell beseitigt werden, was mit „Ersetzen" deutlich einfacher ist, als das komplette Dokument manuell zu durchsuchen. Wollen Sie „Schmidt" durch „Schmitt" ersetzen, dann geben Sie in die Maske unter „Suchen nach" das Wort ein, das ersetzt werden soll. Unter „Ersetzen durch" geben Sie dann das neue Wort ein. Klicken Sie nun auf die Schaltfläche „Ersetzen".

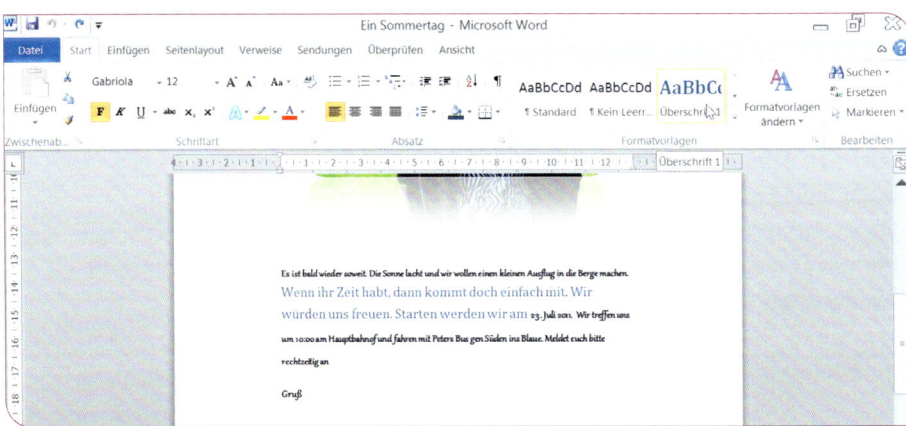

Ausgewählte Formatvorlagen werden sofort im Text angezeigt und können mit einem Mausklick übernommen werden.

Mit der Ersetzen-Funktion können Worte aufgespürt und durch andere ersetzt werden.

Kann ich Objekte einfügen?

Im Menüband „Einfügen" finden Sie diverse Schaltflächen, mit denen Sie unter anderem Deckblätter, Tabellen oder Grafiken in Ihr Dokument einbinden können. Wechseln Sie zunächst auf die Registerkarte „Einfügen".

Tipp: Wenn Sie eine Maus mit einem Scroll-Rad nutzen, können Sie die Registerkarten auch durch Drehen des Rads wechseln. Fahren Sie mit dem Mauszeiger auf das Menüband und drehen Sie das Scroll-Rad auf- oder abwärts, um die Registerkarte zu wechseln.

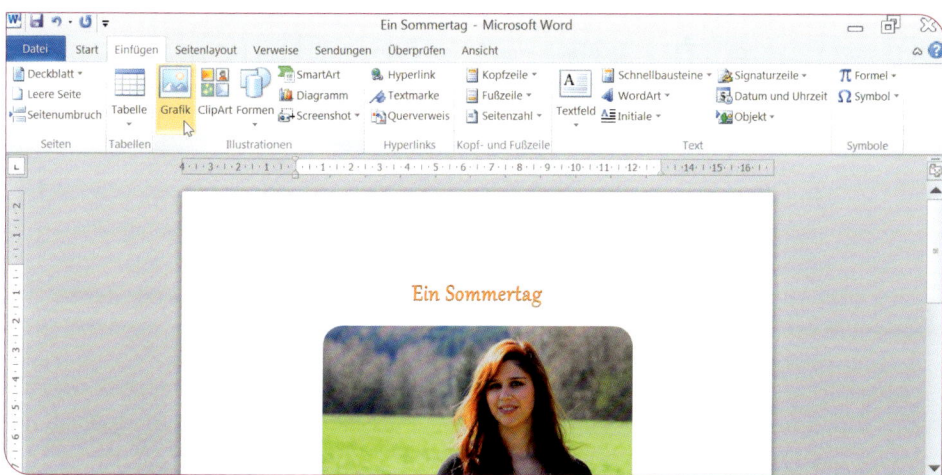

Im Menüband „Einfügen" finden Sie verschiedene Schaltflächen, um unterschiedliche Objekte in ein Dokument einzufügen.

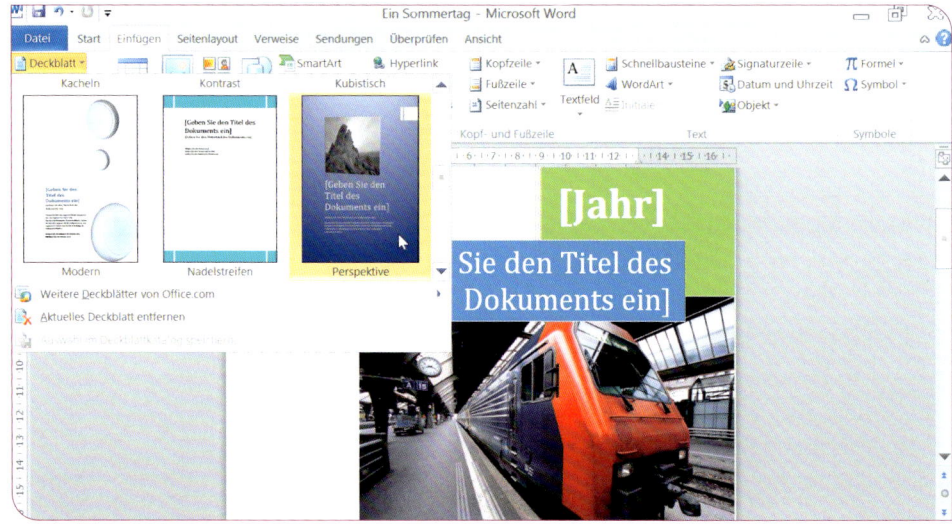

Word 2010 bringt verschiedene Vorlagen mit – z. B. für Deckblätter.

Wie binde ich ein Deckblatt ein?

Klicken Sie auf das Pull-down-Menü „Deckblatt", um einige Vorlagen zu sehen. Sie können eine Vorlage mit einem Mausklick übernehmen und bearbeiten, z. B. den vorgegebenen Text verändern. Klicken Sie den Text einfach mit dem Mauszeiger an, er wird dann automatisch markiert, und geben Sie über die Tastatur einen neuen Text ein. Sie können auch die Bilder und die Grafiken der Vorlage verschieben und in der Größe anpassen. Wie das genau geht, erfahren Sie auf Seite 46.

Außerdem können Sie im Menübereich „Seite" auch eine leere Seite in Ihr Dokument einbinden oder einen Seitenumbruch einfügen.

Wie füge ich eine Tabelle ein?

Eine Tabelle ist ein praktisches Hilfsmittel, wenn Informationen übersichtlich gegliedert werden sollen, wie z. B. bei einer Rechnung oder einer Liste. Im Menübereich „Tabelle" finden Sie eine einfache Möglichkeit, Ihr Word-Dokument mit einer Tabelle zu versehen.

Klicken Sie auf die entsprechende Schaltfläche. Nun wird Ihnen eine Fläche mit mehreren Quadraten angezeigt. Fahren Sie mit dem Mauszeiger über die Fläche, um die Anzahl der Zeilen (waagerecht) und Spalten (senkrecht) zu definieren. Übernehmen Sie die Einstellungen mit einem Mausklick. Wenn Sie die Tabelle nun anklicken, erscheint eine neue Registerkarte namens „Tabellentools" mit den Unterkategorien

„Entwurf" und „Layout". In den angegliederten Menübändern können Sie Form und Aussehen Ihrer Tabelle beeinflussen, z. B. mit einer Vorlage oder ganz individuell. Spielen Sie ein bisschen mit den Einstellungen herum, um die Möglichkeiten der Gestaltung kennenzulernen. Identische und ähnliche Funktionen der Tabellengestaltung lernen Sie noch im Abschnitt Excel kennen.

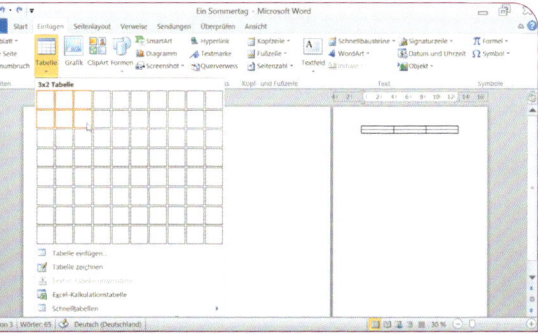

Wählen Sie so viele horizontale und vertikale Rechtecke aus, wie Sie Spalten und Zeilen in Ihrer Tabelle haben wollen.

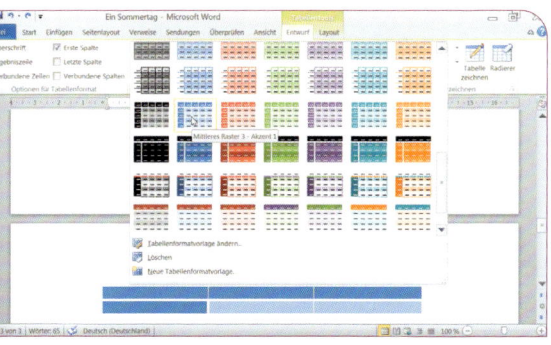

In der Registerkarte „Tabellentools" finden Sie verschiedene Layout-Vorlagen und Möglichkeiten, eine Tabelle manuell anzupassen.

Wie kann ich die Tabelle erweitern?

Wenn Sie zu wenig oder zu viele Spalten und/oder Zeilen angelegt haben, können Sie diese löschen oder erweitern. Wechseln Sie dafür unter dem Reiter „Tabellentools" in die Unterkategorie „Layout". Hier finden Sie unter anderem den Button „Löschen", der ein Pull-down-Menü öffnet. Hier können Sie Zellen, Spalten, Zeilen oder die komplette Tabelle löschen. Der Befehl, den Sie hier anklicken, bezieht sich immer auf die Zelle, in der gerade der Cursor sitzt.

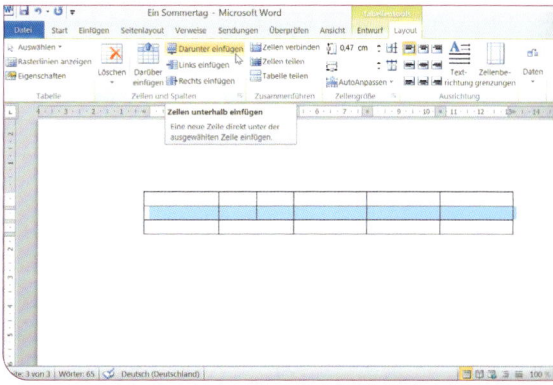

Spalten und Zeilen werden immer an der aktuellen Cursor-Position eingefügt oder gelöscht.

Rechts neben dem Löschen-Button finden Sie die Symbole, über die Sie Spalten und Zeilen mit einem Mausklick einfügen können.

Lassen sich Bilder in Word einfügen?

Ein Word-Dokument wird häufig erst durch Grafiken oder Bilder richtig schön. Fügen Sie solche Elemente einfach unter der Registerkarte „Einfügen" im Menübereich „Illustrationen" ein. Um ein Foto in Ihr Dokument zu betten, müssen Sie z. B. die Schaltfläche „Grafik" anklicken und im folgenden Ordner-Fenster den entsprechenden Speicherplatz auf Ihrem System auswählen. Das Bild wird dann einfach mit einem Mausklick übernommen.

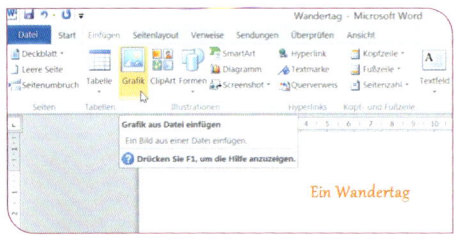

Klicken Sie auf Grafik, wenn Sie z. B. ein Foto einfügen möchten.

Das eingefügte Element ist nun von sogenannten Anfassern umgeben, die durch Punkte bzw. kleine Vierecke an den Ecken und mittig am Bildrand zu sehen sind. Fahren Sie mit dem Mauszeiger auf einen am Eck liegenden runden Punkt, so verwandelt sich der Cursor in einen Doppelpfeil. Wenn Sie nun die linke Maustaste gedrückt halten und die Maus verschieben, können Sie die Größe proportional anpassen. Mit den mittleren eckigen Anfassern können Sie das Bild horizontal oder vertikal vergrößern bzw. verkleinern. Zusätzlich gibt es noch einen Anfasser am oberen Objektrand. Wenn Sie diesen mit dem Mauszeiger erfassen und bewegen, dreht sich das Objekt. Sie können das Bild auch an eine andere Position verschieben. Fahren Sie dafür mit dem Mauszeiger auf das Bild, bis sich dieser in ein Kreuz mit vier Pfeilen verwandelt, drücken und halten Sie die linke

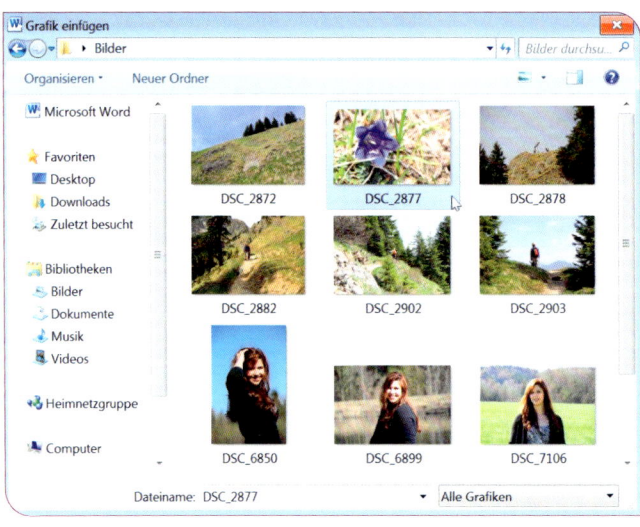

In einem Ordnerfenster können Sie ein Bild aus den in Windows angelegten Ordnern auswählen und mit einem Mausklick in Ihr Dokument einfügen.

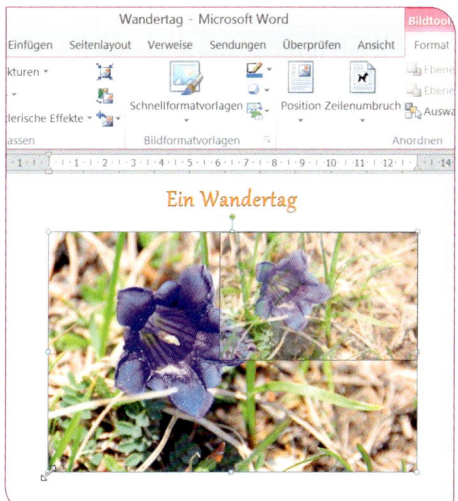

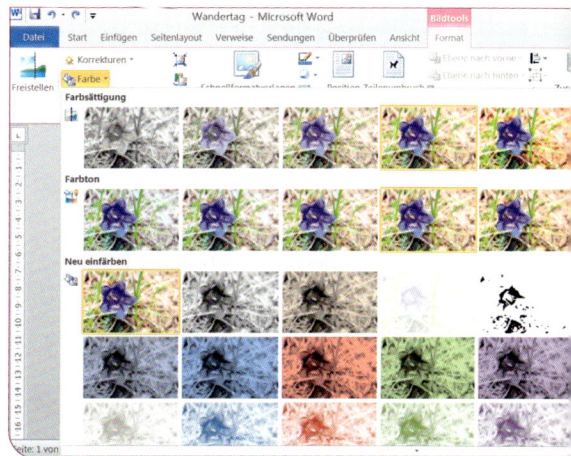

Word bringt einfache Bildbearbei-
tungswerkzeuge mit.

**Mithilfe der Anfasser können Sie die
Größe eines Objekts verändern.**

Maustaste und verschieben Sie das
Bild. Lassen Sie die linke Maustaste los,
um das Bild zu positionieren.

Das Foto wird nun an der aktuellen
Cursor-Position eingefügt und kann
mit dem Mauszeiger markiert werden.
Ist das Bild ausgewählt, erscheint eine
neue Registerkarte mit der Bezeichnung „Bildtools". Hier finden Sie verschiedene Bildbearbeitungsmöglich-
keiten. Beispielsweise können Sie im
Menübereich „Anpassen" einfache
Korrekturen wie Schärfe, Helligkeit
oder Kontrast anpassen. Dafür müssen
Sie nur auf die Schaltfläche klicken und
eine der angezeigten Korrekturvorla-
gen auswählen.

**Bekommt man das Bild
hinter den Text?**

Im Menüband der Registerkarte „Bildtools" finden Sie die Schaltfläche
„Zeilenumbruch". Hier können Sie für
ein ausgewähltes Bild z. B. bestimmen,
ob es vor oder hinter einem Text erscheinen soll.

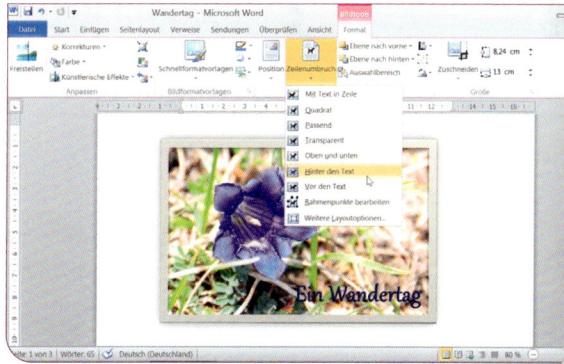

**Ein Bild kann unter anderem vor oder
hinter einem Text platziert werden.**

Kopf- und Fußzeilen sowie Seitenzahlen

Gerade bei Briefen kommen Kopf- und Fußzeilen häufig zum Einsatz. Hier stehen Informationen, die losgelöst vom eigentlichen Haupttext auf allen Seiten zu finden sind, wie z. B. Informationen zum Autor, Titel oder Anschrift, Firmenbezeichnung, Kontoverbindung und mehr.

Wie füge ich eine Kopfzeile ein?

Unter der Registerkarte „Einfügen" im Menüabschnitt „Kopf- und Fußzeile" können Sie solche Elemente in Ihr Dokument einbinden. Neben einer leeren Kopfzeile, die Sie komplett selbst gestalten können, bietet Word 2010 auch verschiedene Vorlagen, die sich an Ihre Vorstellungen anpassen lassen. Klicken Sie auf die Schaltfläche „Kopfzeile", um eine Vorlage auszuwählen.

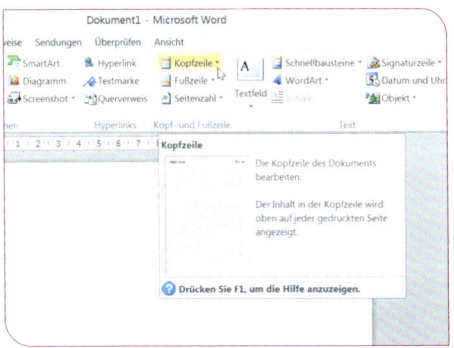

Kopf- und Fußzeilen sowie Seitenzahlen lassen sich einfach mit einem Mausklick einfügen.

Tipp: Wenn Sie am oberen Rand eines Dokuments einen Doppelklick ausführen, erscheint ebenfalls die Kopf- bzw. Fußzeile und kann bearbeitet werden.

In die Kopfzeile können Sie wie in ein normales Dokument Texte, Bilder und Grafiken einbinden und bearbeiten, z. B. die Größe verändern oder Fotos zuschneiden.

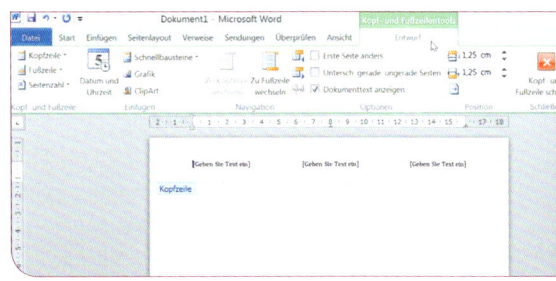

Eine Vorlage für eine Kopf- bzw. Fußzeile kann von Ihnen bearbeitet werden.

Wenn die Kopf- bzw. Fußzeile ausgewählt ist, erscheint eine neue Registerkarte, die Ihnen verschiedene Gestaltungsmöglichkeiten bietet.

Haben Sie die Kopfzeile fertig, können Sie auf gleiche Weise die Fußzeile bearbeiten. Hier können Sie z. B. Kontoinformationen oder weitere Kontaktdaten hinterlegen. Sind beide Elemente fertig, können Sie das Dokument weiter bearbeiten. Um in den Textbereich zu wechseln, führen Sie einfach einen

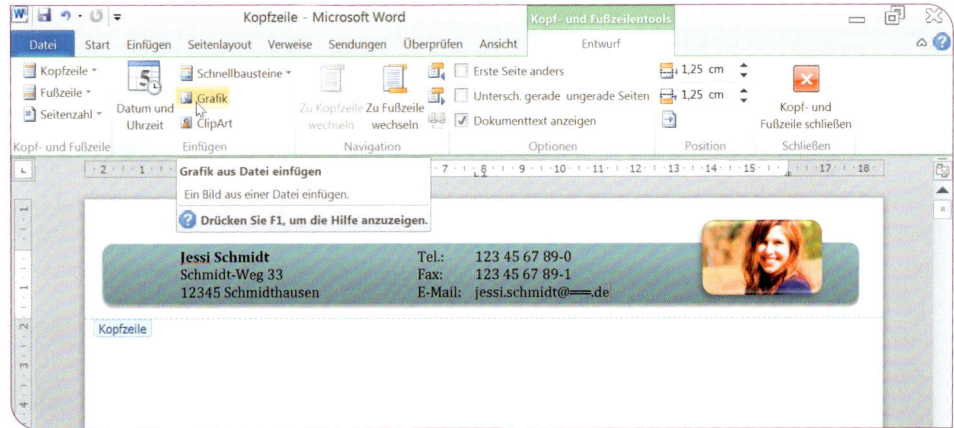

So könnte eine Kopfzeile aussehen, die Kontaktdaten enthält.

Doppelklick in diesem Bereich aus. Ist der Textbereich aktiv, werden Kopf- und Fußzeile mit einem Milchglaseffekt versehen. Das hat keine Auswirkung auf den Ausdruck, sondern soll lediglich anzeigen, dass dieser Bereich momentan nicht ausgewählt ist. Genauso werden eingegebene Texte und Bilder im Hauptfeld abgeschwächt dargestellt, wenn Kopf- und Fußzeile ausgewählt sind.

Lassen sich Seitenzahlen einfügen?

Um bei mehrseitigen Dokumenten eine bessere Übersicht zu bekommen, können Sie automatisch Seitenzahlen einfügen lassen. Klicken Sie dafür unter dem Reiter „Einfügen" einfach auf die Schaltfläche „Seitenzahl" und wählen Sie eine Vorlage aus. Die Seitenzahl wird nun entsprechend Ihrer Auswahl eingefügt und kann, wenn gewünscht, weiter bearbeitet werden.

Wenn Sie die Seitenzahl frei auf Ihrem Dokument platzieren möchten, ergreifen Sie den Rahmen mit dem Mauszeiger (linke Maustaste drücken) und verschieben ihn auf Ihrem Dokument.

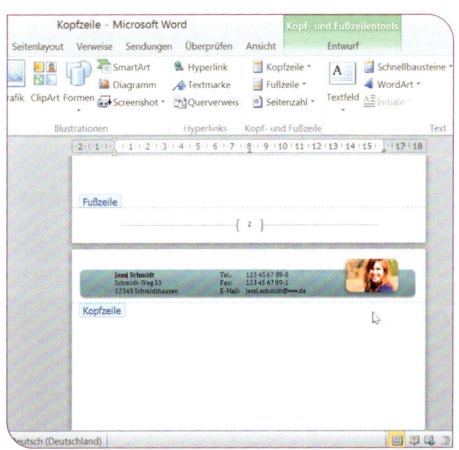

Die Seitenzahl wird entsprechend der ausgewählten Vorlage platziert. Wer möchte, kann die Vorlage aber auch individuell verändern, z. B. Farbe, Größe oder Schriftart.

AutoText und Sonderzeichen

Wenn Sie keine Lust haben, häufig benutzte Texte oder ganze Textpassagen immer wieder manuell einzutippen, werden Sie sich über die Funktion „Auto-Text" von Word 2010 freuen. Dieses Feature erlaubt es, vorgefertigte Textbausteine schnell in ein Dokument einzubinden. Allerdings müssen Sie Word erst den entsprechenden Text verraten.

Wie lege ich einen AutoText an?

Markieren Sie zunächst den Textabschnitt, den Sie als AutoText-Vorlage speichern möchten. Nun müssen Sie den Text als „neuen Baustein" speichern. Dafür wählen Sie entweder im Menüabschnitt „Text" die Schaltfläche „Schnellbaustein" und den Eintrag „Auswahl im Schnellbaustein-Katalog speichern…" oder drücken Sie die Tastenkombination Alt + F3.

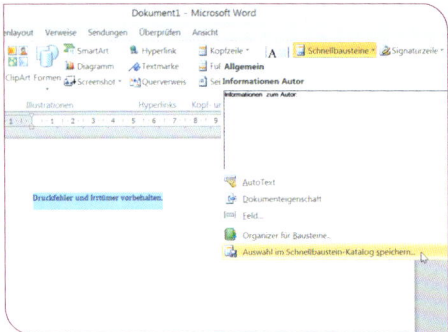

Markieren Sie den Text, den Sie als AutoText speichern möchten.

Geben Sie Ihrem AutoText zunächst einen aussagekräftigen Namen. Wählen Sie anschließend im Pull-down-Menü „Katalog" den Begriff „Auto-Text" aus und setzen Sie die Kategorie auf „Allgemein". Nun können Sie Ihrer Vorlage noch eine Beschreibung hinzufügen und die Änderungen in „Normal" speichern.

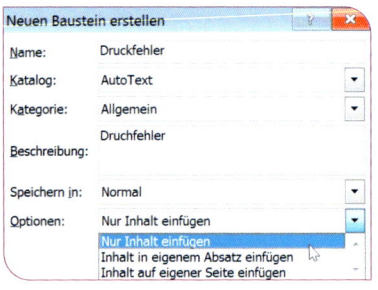

Im Dialogfenster „Neuen Baustein erstellen" müssen Sie die verschiedenen Textfelder ausfüllen.

Außerdem müssen Sie eine von drei Optionen für Ihren AutoText festlegen:

Nur Inhalt einfügen:
Der Inhalt wird an der aktuellen Cursor-Position eingefügt.

Inhalt in eigenem Absatz einfügen:
Der Inhalt wird in einem eigenen Absatz eingefügt.

Inhalt auf eigener Seite einfügen:
Diese Option fügt den AutoText auf einer separaten Seite ein.

Speichern Sie die Einstellungen nun mit einem Klick auf die OK-Schaltfläche.

Wie kann ich den AutoText abrufen?

Rufen Sie im Menübereich „Text" die „Schnellbausteine" auf und wählen Sie unter AutoText den entsprechenden Text aus. Mit einem Mausklick wird die Auswahl eingefügt. Sie können den Text aber auch eintippen. Erkennt Word die Textpassage, bietet die Software an, den Text automatisch zu vervollständigen.

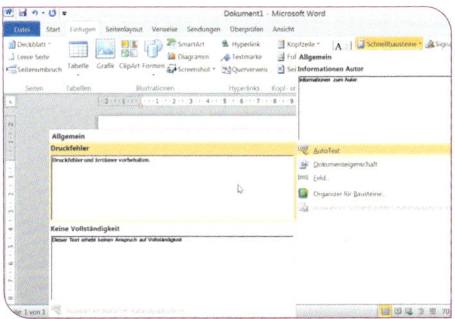

Wählen Sie den AutoText mit einem Mausklick aus.

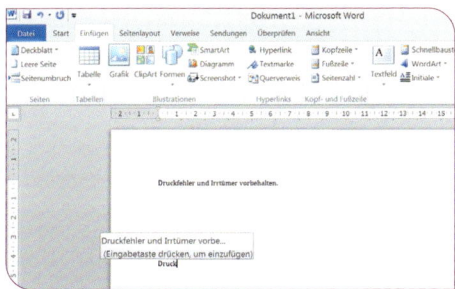

Der AutoText wird in der Regel auch schon angezeigt, wenn Sie ein paar Buchstaben des Textes eingegeben haben. Übernehmen Sie den Vorschlag einfach mit der Eingabetaste.

Wo finde ich die Sonderzeichen?

Im modernen Schriftwechsel werden häufig Sonderzeichen gebraucht, um Dinge abzukürzen oder mit Symbolen zu verstärken. Beispielsweise das Zeichen für die japanische Währung Yen = ¥ oder das Zeichen für Copyright = ©. Diese Zeichen sucht man auf der Tastatur vergebens. Dennoch können Sie diese in ein Word-Dokument einbinden. Im Menüband „Einfügen" finden Sie im Bereich „Symbole" eine Schaltfläche, die Ihnen eine Auswahl an verschiedenen Sonderzeichen zur Verfügung stellt. Klicken Sie mit dem Mauszeiger auf eines der Symbole, um es in den Text zu übertragen. Ist das gesuchte Sonderzeichen nicht in der Auswahl, klicken Sie auf „Weitere Symbole…", um die Auswahl zu vergrößern. Wählen Sie zunächst eine Schriftart aus, denn nicht alle Sonderzeichen sind auch in allen Schriften enthalten. Haben Sie das Sonderzeichen gefunden, dann können Sie es mit einem Doppelklick direkt oder mit einem Klick auf die Schaltfläche „Einfügen" an der aktuellen Cursor-Position platzieren.

Wählen Sie aus dieser Liste ein Sonderzeichen aus.

Das Dokumentenlayout

Wie Sie ein Dokument öffnen oder eine Vorlage aufrufen, wissen Sie bereits. Wie Sie das Seitenlayout Ihren Vorstellungen anpassen können, erfahren Sie jetzt:

Im Menüband unter der Registerkarte „Seitenlayout" können Sie verschiedene Parameter Ihres Dokuments verändern. Beispielsweise die Seitenränder, also den Abstand zwischen Seitenrand und Text, die Vorlagengröße, die Farben, den Einzug und mehr. Öffnen Sie zunächst in der Backstage-Ansicht ein neues Dokument. Wählen Sie dafür unter „Neu" „Leeres Dokument" aus. Alternativ können Sie natürlich auch eine Dokumenten-Vorlage öffnen und diese an Ihre Vorstellungen anpassen.

Wie kann ich Seitenränder definieren?

Unter der Registerkarte „Seitenlayout" finden Sie im Menüband die Schaltfläche „Seitenränder". Klicken Sie darauf, um ein Dialogfeld zu öffnen. Hier haben Sie die Auswahl verschiedener Voreinstellungen, die Sie einfach mit einem Mausklick für Ihr Dokument übernehmen können. Sie können diese Einstellungen aber auch manuell vornehmen. Klicken Sie dafür auf den Eintrag „Benutzerdefinierte Seitenränder...", um das Dialogfenster „Seite einrichten" aufzurufen.

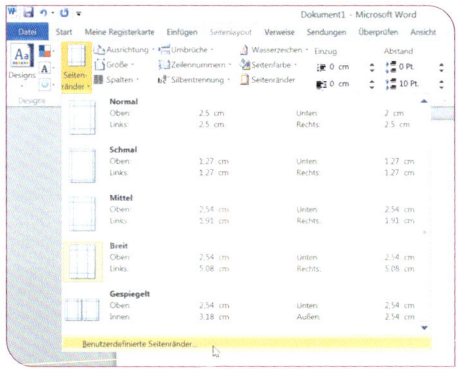

Wählen Sie die gewünschten Seitenränder mit einem Mausklick aus oder nutzen Sie die benutzerdefinierten Seitenränder.

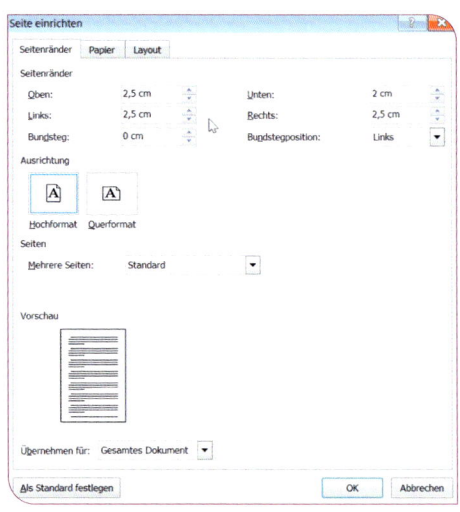

In diesem Dialogfeld können Sie die Seitenränder und mehr manuell anpassen.

Unter dem Reiter „Seitenränder" können Sie im gleichnamigen Abschnitt die gewünschten Maße in Zentimeter in Textfelder eingeben. Alternativ kann der Wert eines markierten Feldes auch mit den Pfeiltasten oder den Schaltflächen neben dem Textfeld verändert werden.

Wie lässt sich die Ausrichtung anpassen?

Wie die Seitenränder können Sie im Menüband im Abschnitt „Seite einrichten" auch die Ausrichtung Ihres Dokuments anpassen. Klicken Sie dafür mit dem Mauszeiger auf Hoch- oder Querformat, um das Blatt entsprechend zu drehen. Die aktive Auswahl wird von Word umrandet, sodass schnell deutlich wird, wie das aktuelle Dokument ausgerichtet ist.

Kann man das Papierformat ändern?

Das Papierformat ist eine wichtige Größe in Office-Dokumenten. Häufig werden Standardmaße verwendet, die Sie einfach im Menüband „Seitenlayout" unter „Größe" anpassen können. Öffnen Sie das Auswahlmenü „Größe", um für Ihr Dokument z. B. das DIN-A4-Format festzulegen. Benötigen Sie spezielle Maße, klicken Sie auf „weitere Papierformate", um ein Dialogfenster aufzurufen. Ähnlich wie bei den Seitenrändern können Sie hier individuelle Maße für die Breite und die Höhe in Zentimetern angeben.

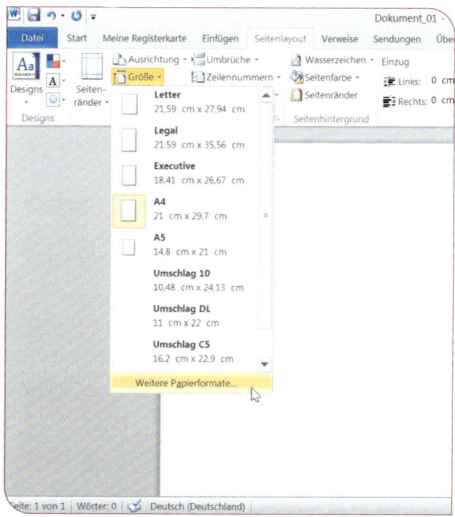

Standardformate können Sie unter Größe auswählen.

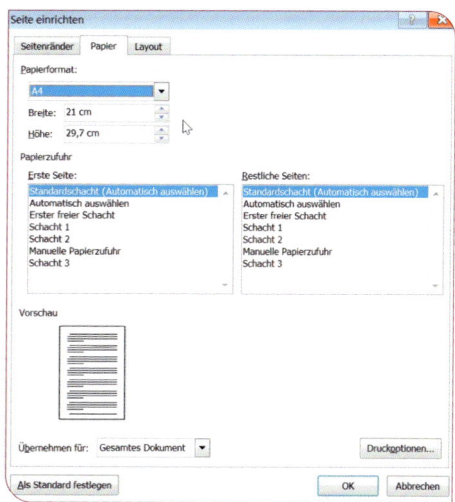

Wenn Sie für Ihr Dokument ein spezielles Maß benötigen, dann können Sie dieses manuell eingeben.

Tabstopps

Wie nutze ich Tabstopps?

Mithilfe von sogenannten Tabstopps lassen sich Texte ausrichten und Sprungpunkte markieren. Diese Punkte können Sie mit der Tab-Taste (links auf der Tastatur und mit einem Pfeil nach rechts und einem nach links gekennzeichnet) erreichen, um dort weiterzuschreiben. In der Dialogbox „Tabstopps", die im Fenster „Absatz" geöffnet wird, können Sie die Tabstopps formatieren und dabei verschiedene Ausrichtungen und Füllzeichen bestimmen, wie z. B. links- oder rechtsbündig, aber auch zentriert. Wählen Sie „Zentriert", wird der Text entsprechend unter dem Tabstopp zentriert

ausgerichtet. Mit dem Tabstopp „Dezimal" richten Sie Zahlen an der Dezimalstelle aus. Wenn man mit entsprechenden Zahlen arbeitet, erhält man so eine gleichmäßige Formatierung.

Alternativ können Sie Tabstopps auch am Lineal platzieren. Dafür müssen Sie das Lineal unter dem Reiter „Ansicht" oder mit der Schaltfläche oberhalb der vertikalen Bildlaufleiste einblenden.

Links neben dem Lineal finden Sie nun ein kleines Quadrat, in dem der aktuell ausgewählte Tabstopp angezeigt wird. Klicken Sie einfach so häufig auf die Tabstoppauswahl, bis der gewünschte Tabstopp angezeigt wird.

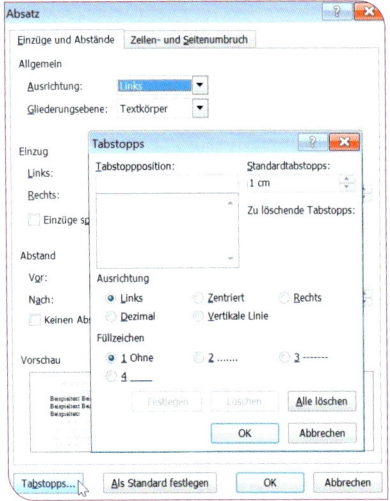

In diesem Fenster können Sie die Tabstopps festlegen.

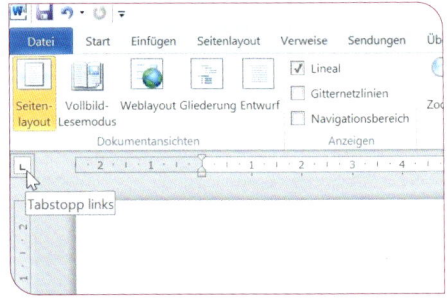

Hier können Sie die Eigenschaften eines Tabstopps mit dem Mauszeiger verändern.

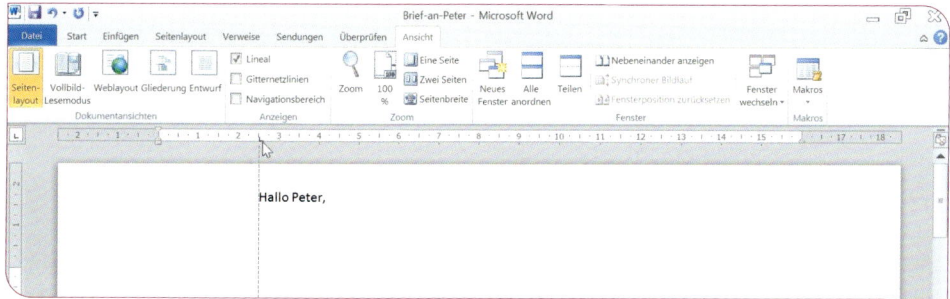

Auf dem Lineal können Sie Tabstopps einfach mit dem Mauszeiger setzen.

Um den Tabstopp zu setzen, klicken Sie auf die entsprechende Stelle auf dem Lineal. Passt die Position nicht exakt, dann ergreifen Sie den Tabstopp mit dem Mauszeiger (linke Maustaste gedrückt halten) und verschieben Sie ihn beliebig. Wenn Sie den Tabstopp erfasst haben, wird eine vertikale Linie über dem Blatt angezeigt, die das Ausrichten erleichtert.

Tipp: Wenn Sie sich nicht sicher sind, welcher Tabstopp gerade neben dem Lineal ausgewählt ist, dann fahren Sie mit dem Mauszeiger auf das Auswahl-Quadrat und lassen Sie den Zeiger kurz ruhen. Kurz darauf wird ein kleines Infofenster eingeblendet, das Ihnen zeigt, um welchen Tabstopp es sich in der Auswahl handelt.

Wie lassen sich Tabstopps löschen?

Tabstopps, die nicht mehr benötigt werden, lassen sich in der Dialogbox „Tabstopps" wieder löschen. Markieren Sie den zu entfernenden Tabstopp und klicken Sie auf die Schaltfläche „Löschen" bzw. „Alle löschen", wenn alle Tabstopps entfernt werden sollen. Außerdem können Sie die Tabstopps einfach mit dem Mauszeiger erfassen und vom Lineal herunterziehen, um sie zu entfernen.

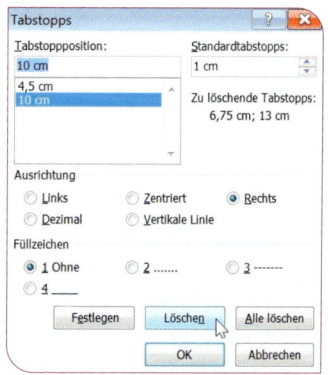

Tabstopps können Sie in dieser Dialog-box löschen, festlegen, ausrichten und mit einem Füllzeichen versehen.

Überprüfen von Dokumenten

Word hat eine eingebaute Rechtschreib- und Grammatikprüfung. Wenn die Software z. B. ein unbekanntes Wort entdeckt, wird dieses rot unterstrichen. So lassen sich viele Tippfehler relativ einfach auffinden. Haben Sie ein rot unterstrichenes Wort entdeckt, können Sie auch im Kontextmenü nach einem Korrekturvorschlag schauen. Sofern bekannt, bietet Word hier verschiedene Alternativen an. Fahren Sie mit dem Mauszeiger über das von Word markierte Wort und drücken Sie die rechte Maustaste. Schon wird das Kontextmenü geöffnet und Sie sehen die Korrekturvorschläge. Übernehmen Sie einen Vorschlag, indem Sie ihn mit dem Mauszeiger anklicken.

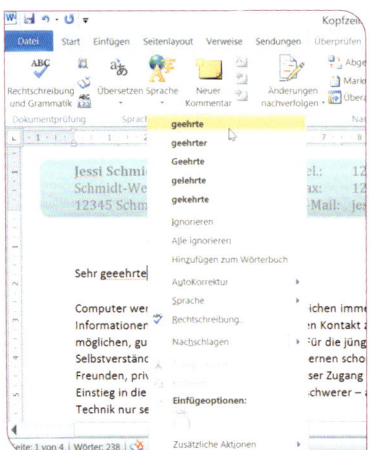

Rot unterstrichene Wörter kennt die Rechtschreibprüfung von Word nicht. Hier könnte sich ein Tippfehler verstecken.

Passt keiner der Vorschläge, können Sie auf „Ignorieren" klicken und das Wort manuell anpassen. Stimmt das Wort, nur Word kennt es nicht, klicken Sie ebenfalls auf „Ignorieren". Die Markierung wird dann aufgehoben. Klicken Sie auf „Alle ignorieren", wenn das Wort mehrfach im Text vorkommt, aber korrekt geschrieben ist. Word hebt dann alle Markierungen auf.

 ### Lassen sich unbekannte Wörter speichern?

Wenn Sie öfter Wörter benutzen, die Word nicht kennt, sollten Sie diese in Ihr Wörterbuch schreiben, damit Word bei der nächsten Rechtschreibprüfung nicht wieder Alarm schlägt. Um ein Wort in das Wörterbuch zu übertragen, fahren Sie mit dem Mauszeiger über das entsprechende Wort, öffnen Sie das Kontextmenü und klicken Sie auf „Hinzufügen zum Wörterbuch".

Word schaut aber nicht nur nach Tippfehlern, sondern auch nach der Grammatik. Meint das Programm, einen Fehler entdeckt zu haben, wird das entsprechende Wort grün unterstrichen. Neben Getrennt- und Zusammenschreibung prüft Word auch die Satzstellung, verwechselbare Worte und andere Möglichkeiten. Was und wie geprüft werden soll, können Sie in der Backstage-Ansicht unter „Optionen" im Bereich „Dokumentprüfung", „Schreibstil" einstellen.

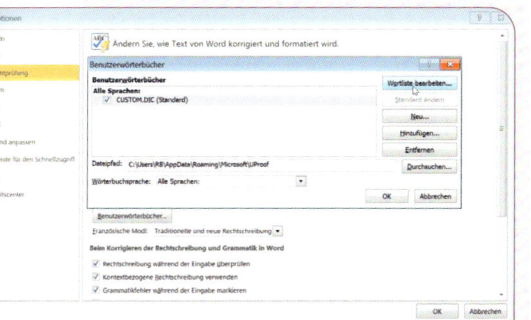

Tipp: Sie können das sogenannte **Benutzerwörterbuch** bearbeiten, z. B. um Worte zu löschen oder manuell hinzuzufügen. Wechseln Sie dazu in die **Backstage-Ansicht**, öffnen Sie die Optionen, wählen Sie den Eintrag **„Dokumentprüfung"** und klicken Sie auf die Schaltfläche **„Benutzerwörterbuch"**. Um das Benutzerwörterbuch zu bearbeiten, klicken Sie nun auf die Schaltfläche **„Wortliste bearbeiten…"**.

Muss jeder Tippfehler gleich korrigiert werden?

Wer schnell schreibt, der vertippt sich auch mal. Allerdings möchte man nicht jeden Fehler gleich korrigieren, um den Schreibfluss nicht zu hemmen. Darum tippen Sie einfach drauf los und bemühen Sie im Anschluss einfach die Rechtschreib- und Grammatikkorrektur, die das komplette Dokument prüft. Klicken Sie dafür im Menüband „Überprüfen" einfach auf die Schaltfläche „Rechtschreibung und Grammatik" oder auf die Taste F7 Ihrer Tastatur. Das entsprechende Dialogfeld fragt dann alle Zweifelsfälle ab und gibt Ihnen entsprechende Korrekturvorschläge. Übernehmen Sie den Vorschlag einfach mit einem Klick auf die Schaltfläche „Ändern". Soll die Änderung für weitere identische Fehler im Dokument durchgeführt werden, klicken Sie auf „Alle ändern". Hat Word ein korrektes Wort als fehlerhaft gekennzeichnet, klicken Sie auf „Einmal ignorieren" bzw. „Alle ignorieren", um das Wort beizubehalten.

Die Rechtschreibprüfung von Word findet viele Tippfehler.

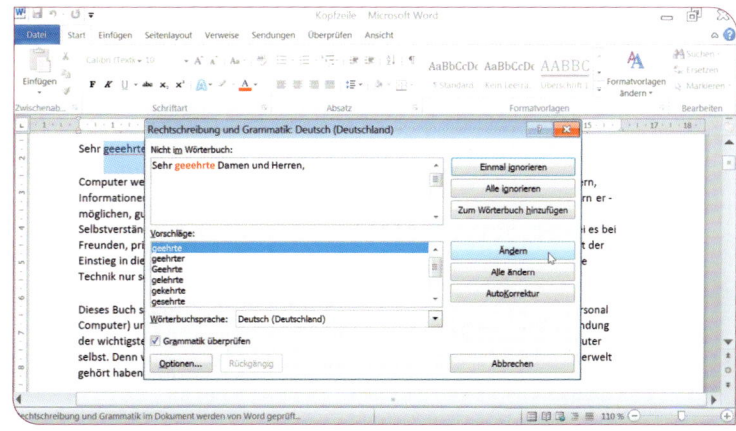

Kommentare

In der Registerkarte „Überprüfen"
finden Sie Optionen wie „Rechtschreibung und Grammatik" oder „Wörter
zählen", Funktionen, auf die wir bereits eingegangen sind. Etwas genauer
möchten wir nun die Gruppen „Kommentare" und „Nachverfolgung"
beleuchten, die besonders interessant
sind, wenn man ein Dokument mit
verschiedenen Anwendern bearbeiten
und Informationen innerhalb eines
Dokuments austauschen möchte.

Wie kann ich Kommentare einbinden?

Kommentare sind nicht nur praktisch,
wenn man sich selber Notizen an einen
Text heften möchte, sondern auch
dann, wenn man seine Kommentare
an eine andere Person weitergeben
will. Um Kommentare in einen Text
einzubinden, finden Sie unter dem

Reiter „Überprüfen" die Gruppe
„Kommentare". Es gibt verschiedene
Möglichkeiten, Kommentare einzubinden, wie z. B. für ein Wort oder
einen kompletten Textabschnitt.

Tipp: Kommentare werden immer an
der aktuellen Cursor-Position eingebunden. Sie können aber auch einen
Absatz oder einen Textabschnitt markieren und diesen mit einem Kommentar versehen. Wenn Sie das Dokument abspeichern, werden auch
die Kommentare abgespeichert.

Lassen sich Kommentare löschen?

Sie können Kommentare natürlich
auch wieder löschen, entweder alle
Kommentare eines Dokuments oder
nur bestimmte. Dafür finden Sie in
der Registerkarte „Überprüfen" in der
Gruppe „Kommentare" die Schaltfläche „Löschen". Öffnen Sie das Pull-
down-Menü und klicken Sie auf den
Eintrag „Den ausgewählten Kommentar löschen", wenn Sie nur den akti-
ven Kommentar entfernen wollen,
oder auf „Alle Kommentare im Dokument löschen", wenn Sie alle Kommentare löschen wollen. Sie finden den
Lösch-Befehl aber auch im Kontextmenü einer Kommentar-Sprechblase.

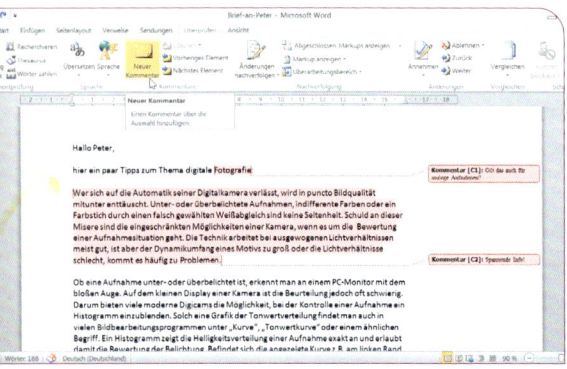

Fügen Sie Kommentare ein.

Können Änderungen protokolliert werden?

Eine interessante Funktion von Word 2010 ist die Möglichkeit, eine Nachverfolgung für Änderungen zu aktivieren. So können Sie mit einem Blick erkennen, was am Dokument geändert wurde, z. B., wenn ein Kollege Ihren Text noch bearbeitet hat. Schalten Sie die Option „Änderungen nachverfolgen" in der Registerkarte „Überprüfen" ein. Dazu öffnen Sie das entsprechende Pull-down-Menü in der Gruppe „Nachverfolgung" und aktivieren den Eintrag „Änderungen nachverfolgen". Ist diese Option markiert, werden alle Änderungen im Dokument angezeigt. Wenn Sie z. B. ein Wort löschen, wird dieses durchgestrichen und farblich markiert. Ein neu geschriebenes Wort wird ebenfalls farblich markiert, allerdings unterstrichen. Wenn Sie die Formatierung eines Wortes ändern, erscheint eine Spalte am rechten Rand des Dokuments, ähnlich wie bei einem Kommentar, der die Formatänderung anzeigt. Wenn Ihnen diese Einteilung nicht gefällt, lassen sich die Parameter im Fenster „Optionen zum Nachverfolgen von Änderungen" anpassen.

Natürlich können Sie auch festlegen, welche Änderungen angezeigt werden sollen. Außerdem besteht die Möglichkeit, das Dokument im Original oder überarbeitet ohne Nachverfolgungsmerkmale anzuzeigen. Dazu öffnen Sie einfach in der Gruppe „Nachverfolgung" das Pull-down-Menü oben rechts und wählen einen Eintrag aus. Darunter finden Sie das Pull-down-Menü „Markup anzeigen". Hier können Sie wählen, welche Änderungen im Dokument angezeigt werden sollen. Beispielsweise können Sie Formatierungsänderungen abwählen, wenn diese für Sie nicht so wichtig sind. Beachten Sie aber, dass diese Änderungen dennoch gespeichert werden, sodass sich die Option jederzeit wieder aktivieren lässt.

Wie kann ich Änderungen übernehmen?

Sie können die Änderungen in einem Dokument einfach übernehmen oder ablehnen. Dafür stehen in der Gruppe „Änderungen" verschiedene Schaltflächen bereit. Es ist beispielsweise möglich, einzelne Änderungen zu übernehmen oder abzulehnen.

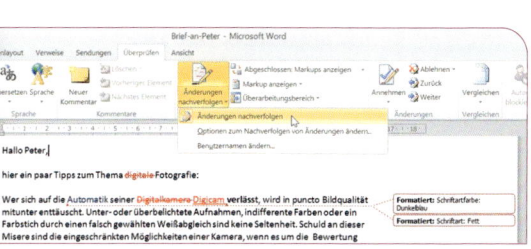

Änderungen in einem Dokument können angezeigt werden.

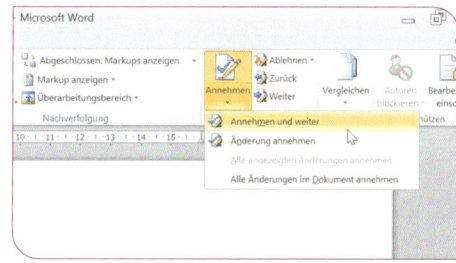

Hier können Sie Änderungen übernehmen.

Verschiedene Ansichten

Word-Dokumente können Sie in
verschiedenen Ansichten betrachten.
Dabei bietet Word im Menüband
„Ansicht" fünf verschiedenen Mög-
lichkeiten, die alle einen anderen
Aspekt in den Fokus rücken. Um die
Ansicht zu wechseln, klicken Sie im
Menübereich „Dokumentansicht"
auf eine der Möglichkeiten.

Seitenlayout:
Diese Ansicht zeigt das Dokument so, wie es später auch ausgedruckt aussieht. Es ist also die beste Ansicht, wenn Sie das Layout eines Dokuments bewerten wollen.

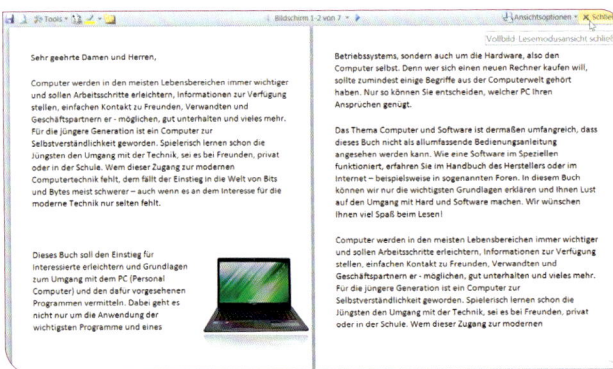

Vollbildlesemodus:
Der Vollbildlesemodus eignet sich, um Texte zu lesen oder Kommentare zu schreiben. Das Dokument wird auf dem ganzen Bildschirm angezeigt, Menüs werden ausgeblendet.

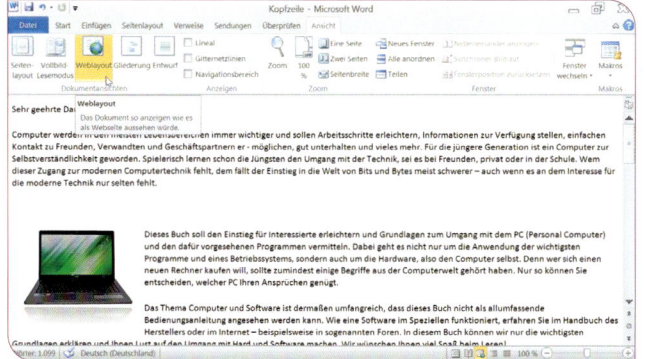

Weblayout:

Wird das Dokument in diesem Modus angezeigt, wird es so präsentiert, als würden Sie es als Website speichern.

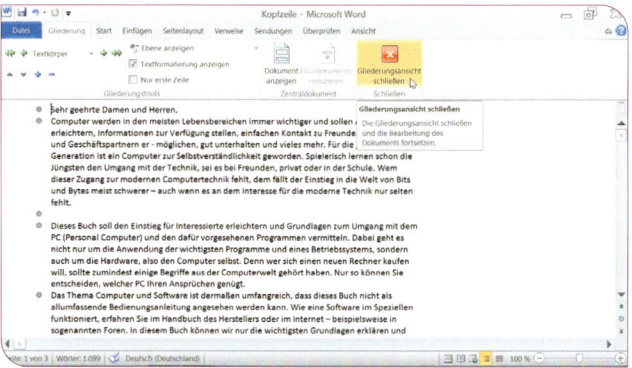

Gliederung:

Wählen Sie diese Ansicht, um das Dokument mit Gliederungspunkten darzustellen.

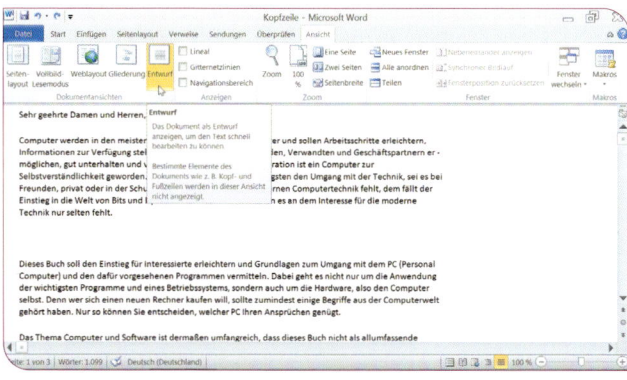

Entwurf:

In dieser Ansicht können Sie den Text einfach und ohne Schnörkel bearbeiten. Beispielsweise werden Bilder, Kopf- und Fußzeilen nicht angezeigt. Ein Seitenumbruch erscheint lediglich als gepunktete Linie.

Tipp: Alternativ zum Menüband können Sie die Ansicht auch rechts unten im Programmfenster mit den Ansichtsschaltflächen verändern.

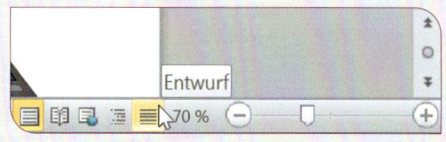

Die AutoKorrektur

Word 2010 bringt ein praktisches, aber zum Teil auch sehr nerviges Werkzeug mit: die AutoKorrektur. Sie greift nach bestimmten Regeln in die Texteingabe ein und ändert ungefragt, was Sie eingegeben haben. Beispielsweise einen Kleinbuchstaben am Satzanfang. Word macht daraus einen Großbuchstaben. Oder wenn Sie ein Datum eingeben wollen mit dem Ersten eines Monats: z. B. 1. Juli 2010. Dann macht Word, wenn Sie nach der Eingabe von 1. ein Leerzeichen eingeben, eine Nummerierung aus dem Text. Wenn Sie diese Funktionen nicht wünschen, dann müssen Sie sie manuell abstellen.

Wechseln Sie dafür zu den „Word-Optionen" in der Backstage-Ansicht. Wählen Sie hier die Kategorie „Dokumentprüfung" und rechts die Schaltfläche „AutoKorrektur-Optionen…".

Wie lässt sich die Auto-Korrektur anpassen?

In den Optionen für die AutoKorrektur können Sie verschiedene Optionen an- oder abwählen. Dafür müssen Sie bei der entsprechenden Option einen Haken setzen oder entfernen. Um einen Haken zu setzen oder zu entfernen, fahren Sie mit dem Mauszeiger über das entsprechende Kästchen und drücken Sie auf die linke Maustaste. Hier können Sie z. B. AutoKorrektur-Optionen wie „Jeden Satz mit einem Großbuchstaben beginnen" abwählen.

Die AutoKorrektur lässt sich in den Word-Optionen im Bereich „Dokumentprüfung" anpassen. Wählen Sie hier die „AutoKorrektur-Optionen…".

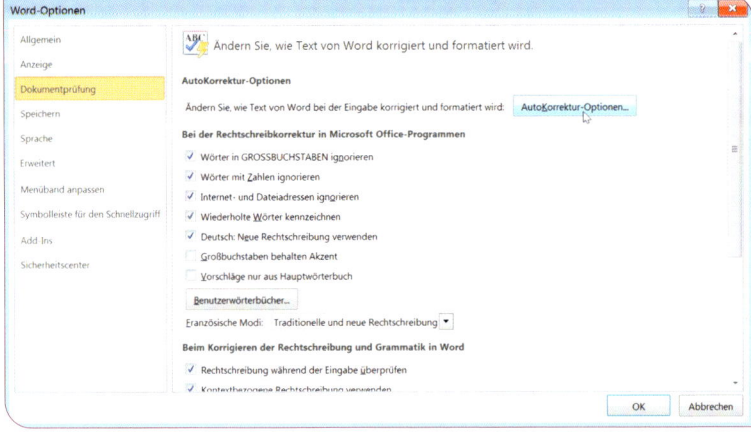

Lassen sich Abkürzungen nutzen?

Eine sehr praktische Option für Vieltipper findet sich im Abschnitt „Während der Eingabe ersetzen". Hier können Sie zum einen die vorhandenen Kürzel anschauen und anpassen, aber auch eigene Kürzel von häufig genutzten Wörtern oder ganzen Sätzen definieren. In Zukunft brauchen Sie dann nicht mehr das ganze Wort bzw. den ganzen Satz in Ihr Dokument eintippen, sondern nur noch das Kürzel, z. B. „sgdh" für „Sehr geehrte Damen und Herren" oder „hgah" für „Herzliche Grüße aus Hamburg".

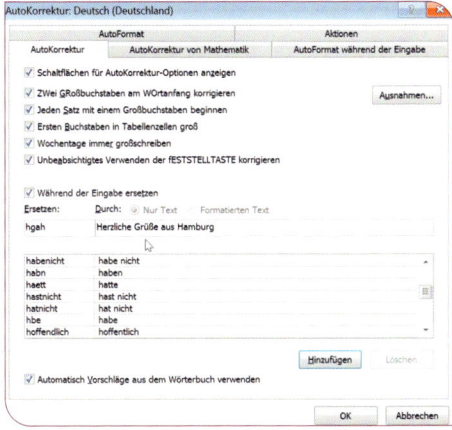

Nutzen Sie die AutoKorrektur, um häufig genutzte Wörter oder Sätze mit einem Kürzel einzutippen.

Gibt es noch weitere Optionen?

Word unterstützt Sie bei vielen weiteren AutoKorrektur-Aktionen. Beispielsweise können Sie Bruchzahlen automatisch in Sonderzeichen umwandeln lassen. Somit wird ein Bruch, den Sie so eingeben: „1/2" in dieses Sonderzeichen umgewandelt: „½". Sie können Internetpfade automatisch in Hyperlinks umwandeln, das heißt, Sie können mit einem Mausklick aus einem Word-Dokument zu einer Internetseite oder einem Netzwerkpfad wechseln.

Sie sehen, die AutoKorrektur ist nicht nur ein lästiger Zeitgenosse, der Ihnen ins Handwerk pfuscht, sondern ein praktischer Helfer, der Sie bei Ihrer Arbeit unterstützt und Ihnen das Schreiben von Texten erleichtern kann.

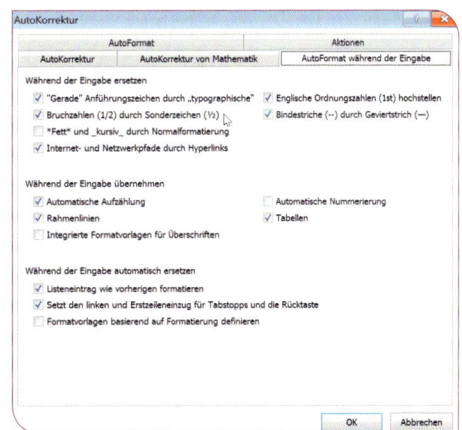

Die AutoKorrektur kann Sie bei Ihrer Arbeit unterstützen.

Dokumente speichern und ausgeben

Haben Sie ein Dokument fertig erstellt, das Layout angepasst und die Tippfehler korrigiert, können Sie das Dokument z. B. auf einem Drucker ausgeben, der an Ihren Computer angeschlossen ist. Wechseln Sie zunächst in die Backstage-Ansicht und klicken Sie auf den Menüeintrag „Drucken".

In der mittleren Spalte finden Sie nun die Druck-Optionen, in der rechten eine Vorschau Ihres Dokuments. Bestimmen Sie zunächst, wie viel Exemplare Ihres Dokuments gedruckt werden sollen. Dafür können Sie entweder mit der Tastatur neben „Exemplare" eine Zahl eingeben oder auf die Dreiecke klicken. Klicken Sie auf das obere Dreieck, um die Zahl zu erhöhen, oder auf das untere Dreieck, um die Zahl zu verringern.

Windows wählt als Drucker immer den im System eingebundenen Standarddrucker aus. Haben Sie mehrere Drucker angeschlossen, können Sie unter „Drucker" das passende Modell auswählen und die Druckeigenschaften festlegen. Außerdem können Sie noch verschiedene weitere Optionen bestimmen, z. B. ob die Blätter nur einseitig bedruckt werden sollen oder ob Sie einen beidseitigen Druck wünschen. Ist das der Fall, fordert Sie Word nach dem Druck der ersten Seite auf, diese erneut in den Drucker einzulegen, um die Rückseite zu bedrucken.

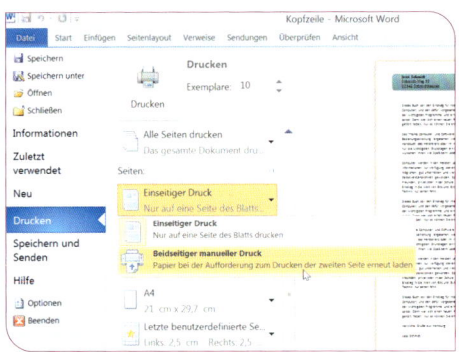

Word unterstützt auch einen beidseitigen manuellen Druck.

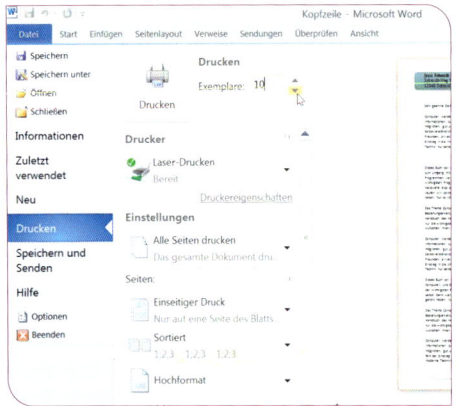

In den Druck-Optionen können Sie die Anzahl der Ausdrucke und viele weitere Parameter bestimmen.

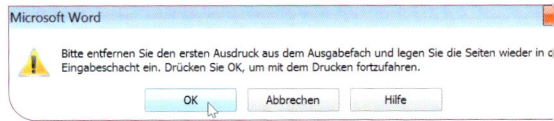

Ist die Vorderseite gedruckt, fordert Word Sie auf, die Seite erneut einzulegen, um die Rückseite zu bedrucken.

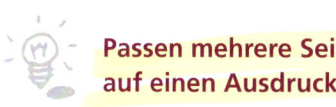

Passen mehrere Seiten auf einen Ausdruck?

Gerade wenn man sich einen Überblick auf Papier über ein größeres Dokument verschaffen möchte, macht es nicht immer Sinn, dieses auf viele einzelne Blätter zu drucken. Darum bietet die Druck-Option von Word an, mehrere Seiten auf ein Blatt zu drucken. Um die Anzahl der Seiten pro Blatt anzupassen, klicken Sie einfach auf die Schaltfläche „Seite pro Blatt" und wählen Sie im Pull-down-Menü eine entsprechende Anzahl. Bedenken Sie aber: Je mehr Seiten Sie auf ein Blatt bringen, desto unübersichtlicher und unleserlicher wird der Ausdruck.

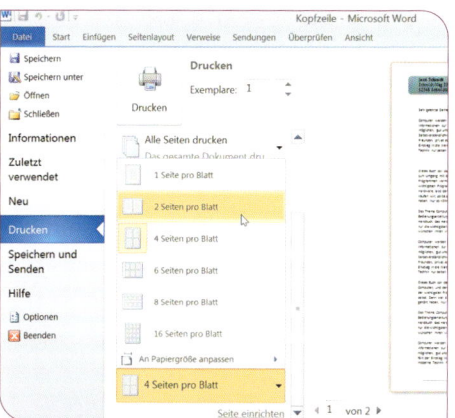

Word bietet auch die Möglichkeit, mehrere Seiten auf einem Blatt auszudrucken.

Lässt sich die Vorschau vergrößern?

Wenn Sie vor dem Ausdruck das Dokument noch etwas genauer betrachten wollen, können Sie die Dokumentenvorschau in der rechten Spalte vergrößern. Dafür befinden sich am unteren Fensterrand ein Schieberegler und eine Plus- und eine Minus-Taste. Erfassen Sie den Schieberegler mit dem Mauszeiger, um in oder aus dem Dokument zu zoomen. Alternativ können Sie die Plus- bzw. Minustaste zum Zoomen nutzen. Da das Dokument nicht mehr komplett angezeigt wird, müssen Sie die Bildlaufleiste am unteren bzw. rechten Rand des Dokuments nutzen, um das Dokument hin- und herzuschieben. Fahren Sie mit dem Mauszeiger auf das Bildlauffeld und klicken Sie dafür entweder auf die Dreiecke oder erfassen Sie das Bildlauffeld und verschieben Sie es. Rechts neben der Plustaste befindet sich eine Schaltfläche, mit der Sie wieder auf die Seite zoomen können.

Zoomen Sie mit dem Schieberegler in die Vorschau, um das Dokument im Detail zu prüfen.

Haben Sie noch einen Fehler entdeckt, den Sie korrigieren möchten, drücken Sie einfach die Esc-Taste, um in die Ansicht „Seitenlayout" zu wechseln. Gefällt Ihnen das Dokument, können Sie es mit einem Mausklick auf die Schaltfläche „Drucken" auf Papier bringen.

Zellen

Zeilen

Spalten

Excel 2010

Diagramme

Arbeitsblätter

Formeln

Tabellenkalkulator

Rechenkünstler

Der Tabellenkalkulator

Neben Word ist Excel von Microsoft vermutlich eine der am weitestverbreiteten Office-Anwendungen. Das gigantische Tabellenkalkulationsprogramm ist für viele Aufgaben gerüstet und eignet sich unter anderem zum Erstellen von einfachen Telefon- oder Inventarlisten in Tabellenform, zum Berechnen von Haushaltsbudgets und zum Verknüpfen komplizierter mathematischer Formeln und dem Erstellen von anschaulichen Diagrammen. Excel kann also deutlich mehr als ein kleiner Taschenrechner. Einen Überblick über wichtige Funktionen der umfangreichen Tabellenkalkulation erhalten Sie auf den folgenden Seiten.

Grundlegendes:

Excel sortiert Zahlen und Texte in Zeilen und Spalten, die Sie so gestalten können, wie Sie es wollen. So lassen sich z. B. die Schrift, Hintergrundfarben oder die Größe von Buchstaben, Zahlen und Zeichen anpassen. Beim Erstellen und Berechnen von Tabellen arbeitet man in sogenannten Arbeitsblättern, von denen mehrere in einem Dokument vorhanden sein können. In einem Arbeitsblatt sind die Zeilen und Spalten einer Tabelle gekennzeichnet.

Zeilen sind mit fortlaufenden Nummern und Spalten mit Buchstaben in alphabetischer Reihenfolge markiert.

So ergibt sich durch die Koordinaten für jede Zelle der Tabelle eine eindeutige Bezeichnung. Beispielsweise bekommt die Zelle aus der dritten Spalte in der zweiten Zeile die Bezeichnung „C2". Diese Koordinaten werden auch im Namenfeld über der Tabelle angezeigt. Rechts daneben steht der Zelleninhalt. Beispielsweise ein Name, eine Telefonnummer oder eine Formel, mit der eine Berechnung durchgeführt wird. Das Ergebnis einer solchen Formel wird dann in der Zelle ausgegeben. Wie das genau geht, dazu später. Somit sind auch schon die Datentypen genannt, die in einer Excel-Zelle stehen können: Texte, Zahlen oder Formeln.

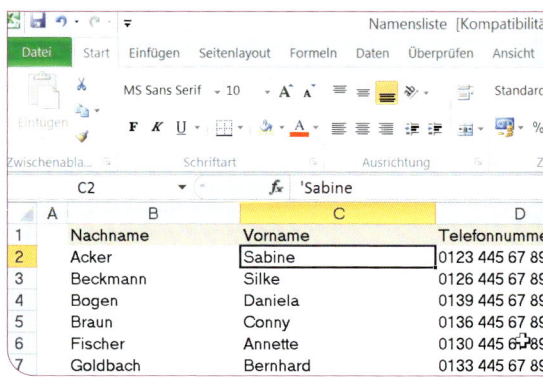

Zeilen und Spalten sind mit Nummern bzw. Buchstaben gekennzeichnet. Diese Bezeichnungen ergeben im Schnittpunkt den Namen einer Zelle – beispielsweise C2.

Formeln benötigen Sie z.B., um Zahlen aus verschiedenen Zellen zu berechnen und Texte, um Zahlen zu benennen, z.B. in einem Budgetplan für Ihren Haushalt. Ansonsten geht schnell die Übersicht verloren, wenn Sie viele Zahlen zusammentragen, aber nicht wissen, welcher Wert für was steht.

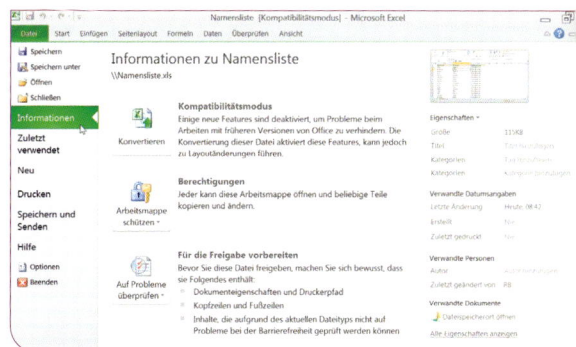

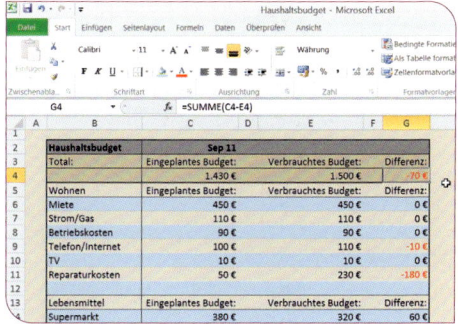

Eine Tabelle mit Textfeldern, Zahlenwerten und Formeln.

Info: Excel erlaubt drei unterschiedliche Datentypen: Text, Zahlen und Formeln. Mit Texten können Sie einen Zahlenwert benennen und mit Formeln Zahlenwerte berechnen. Wie das genau geht, erfahren Sie auf den folgenden Seiten.

Gibt es Parallelen zu Word 2010?

Wie bei Word 2010 gibt es auch für Excel 2010 eine Backstage-Ansicht, in der Sie Tabellen speichern, öffnen, neu anlegen, Informationen abrufen oder Optionen einstellen können. Klicken Sie auf die Registerkarte „Datei", um in die Backstage-Ansicht zu kommen.

In der Backstage-Ansicht von Excel 2010 können Sie wie in Word 2010 unter anderem neue Dokumente aufrufen und die Optionen einstellen.

Ebenso ist Excel 2010 mit diversen Menübändern ausgestattet, in denen Sie Schaltflächen, Pull-down-Menüs und Eingabefelder finden, um eine Tabelle und Zelleninhalte nach Ihren Vorstellungen zu formen.

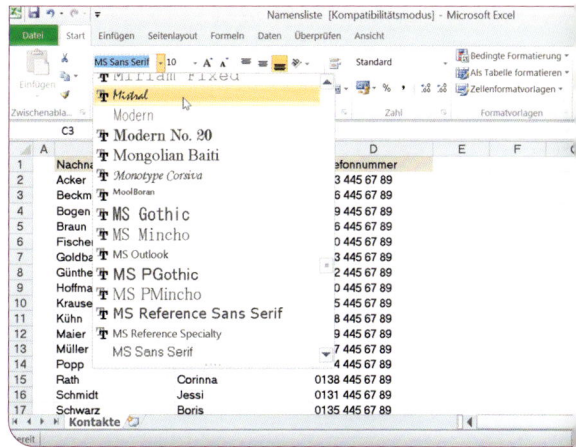

Die Menübänder von Excel 2010 sind gut strukturiert und zeigen zum Teil zu Word 2010 identische Befehle und Tools.

Arbeitsblätter, was ist das?

Was passiert beim Start von Excel?

Wenn Sie Excel aufrufen, öffnet sich das Programm mit einem neuen Arbeitsblatt, das Sie gestalten können. Natürlich können Sie auch unter dem Reiter „Datei" eine neue Tabelle aufrufen oder eine der vielen Vorlagen öffnen, die Excel, genau wie Word 2010, in der Backstage-Ansicht bereithält.

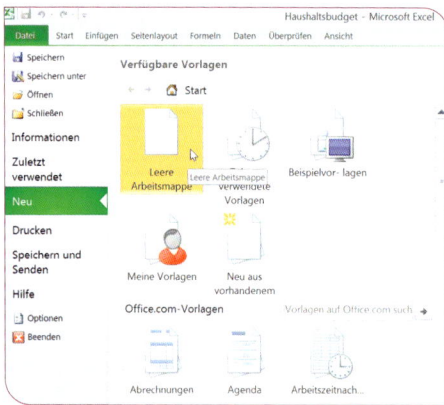

Ein neues Tabellenblatt können Sie unter „Datei" öffnen.

Lassen sich die Arbeitsblätter benennen?

Wenn Sie mit mehreren Arbeitsblättern arbeiten, z. B. um das Haushaltsbudget aus verschiedenen Jahren jeweils einem Arbeitsblatt zuzuordnen, hilft es der Übersicht, wenn Sie die Blätter benennen. Von Haus aus werden in einem

neuen Excel-Dokument drei Arbeitsblätter eingefügt, die die Namen Tabelle1, Tabelle2 und Tabelle3 tragen. Um diese Namen zu ändern, fahren Sie mit dem Mauszeiger auf die Registerkarte des jeweiligen Arbeitsblatts und öffnen das Kontextmenü. Wählen Sie den Eintrag „Umbenennen", um die Bezeichnung des Arbeitsblatts zu ändern.

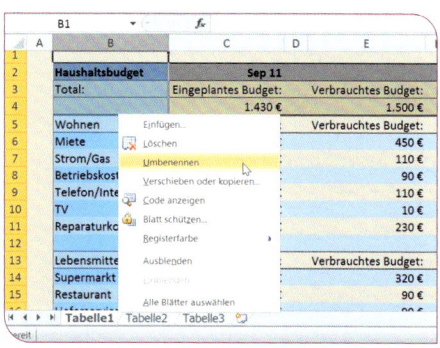

Im Kontextmenü der Registerkarte können Sie den Umbenennungs-Befehl aufrufen.

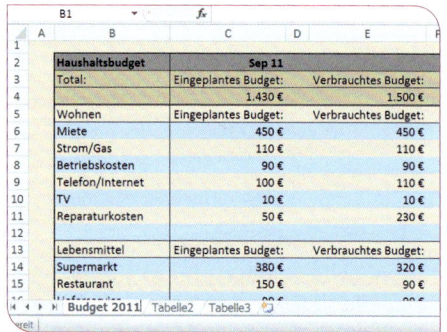

Tippen Sie einfach einen neuen Namen auf die Registerkarte.

Wie wechsle ich zwischen den Arbeitsblättern?

Um ein Arbeitsblatt aufzurufen, klicken Sie auf die jeweilige Registerkarte. Jedes Arbeitsblatt kann dann individuell gestaltet werden. Reichen Ihnen die drei vorgegebenen Arbeitsblätter nicht aus, können Sie die Arbeitsmappe um weitere Blätter erweitern. Klicken Sie dazu auf die Registerkarte ganz rechts, die mit einem Tabellenblatt-Symbol gekennzeichnet ist. Schon fügt Excel Ihrem Dokument ein weiteres Arbeitsblatt hinzu. Das gleiche Ergebnis erhalten Sie übrigens, wenn Sie die Tastenkombination „Umschalttaste + F11" drücken oder in dem Menüband „Start" im Pull-down-Menü „Einfügen" den Befehl „Blatt einfügen" anklicken. Haben Sie zu viele Arbeitsblätter, können Sie auch welche löschen. Dafür fahren Sie auf die Registerkarte des zu löschenden Arbeitsblatts und wählen im Kontextmenü den Eintrag „Löschen" aus.

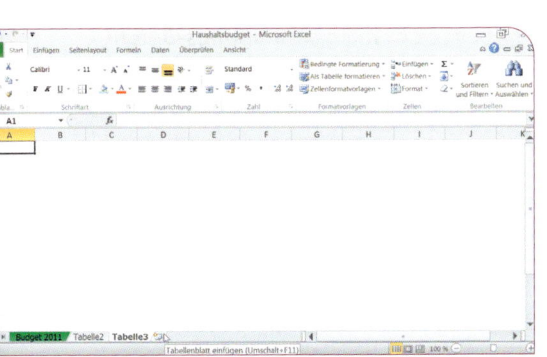

Eine neue Arbeitsmappe ist mit einem Mausklick oder einer Tastenkombination eingebunden.

Kann man die Arbeitsblätter anordnen?

Die Reihenfolge der Arbeitsblätter lässt sich einfach mit dem Mauszeiger per Drag and Drop verändern. Erfassen Sie dazu eine Registerkarte (linke Maustaste gedrückt halten) und verschieben Sie die Registerkarte nach Ihren Wünschen. Excel zeigt mit einem kleinen Dreieck an, an welche Stelle das Arbeitsblatt kommt, wenn Sie es loslassen. Sind Sie an der richtigen Stelle angekommen, lassen Sie die Arbeitsmappe einfach „fallen", indem Sie die linke Maustaste loslassen.

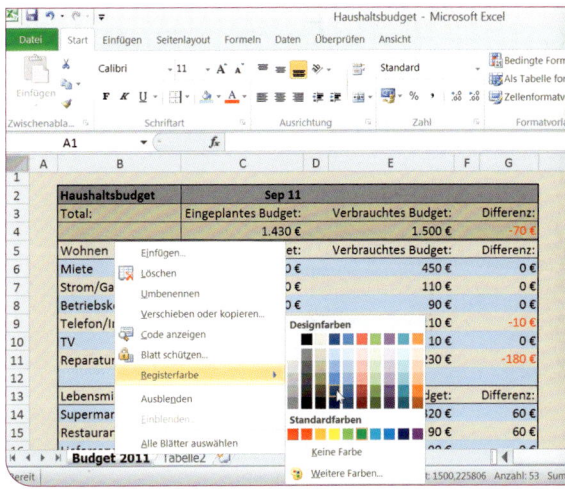

Für eine bessere Übersicht können Sie die Registerkarten der Arbeitsblätter im Kontextmenü farblich markieren.

Zellen formatieren

Haben Sie eine Arbeitsmappe geöffnet, können Sie diese formatieren. Um z. B. eine Zelle zu bearbeiten oder einen Wert einzugeben, muss diese markiert sein. Klicken Sie in eine Zelle und oder steuern Sie sie mit den Pfeiltasten an. Eine markierte Zelle wird mit einem dicken Rahmen gekennzeichnet. Außerdem erscheinen die Koordinaten einer markierten Zelle im oberen Namensfeld sowie der Wert in der Bearbeitungsleiste. Nun können Sie über die Tastatur Werte wie Text, Zahlen oder Formeln direkt in die Zelle oder in die Bearbeitungsleiste eingeben.

Sie können auch mehrere Zellen markieren, um z. B. die Schriftart, das Format oder die Farbe parallel zu bestimmen. Dies können Sie im Menüband „Start", wie aus Word bekannt, über verschiedene Schaltflächen tun.

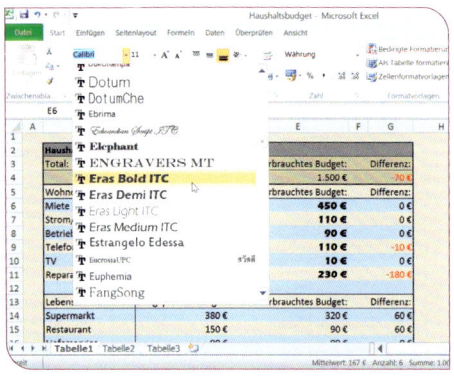

Markieren Sie mehrere Zellen, um z. B. die Schriftart anzupassen.

Tipp: Markieren Sie mehrere Zellen wie folgt: Fahren Sie mit dem Mauszeiger über eine Zelle, drücken und halten Sie dabei die linke Maustaste und fahren Sie mit dem Mauszeiger über weitere Zellen, die markiert werden sollen. Sind die gewünschten Zellen markiert, lassen Sie die linke Maustaste wieder los.

Sollen alle Zellen markiert werden, klicken Sie einfach in die obere linke Ecke zwischen der Spalten- und Zeilenbeschriftung.

Wie richte ich eine Tabelle ein?

Überlegen Sie sich einen sinnvollen Tabellenaufbau. Wenn Sie z. B. eine Adressliste erstellen wollen, sollten Sie in die oberste Zeile entsprechende Sammelbegriffe wie Name, Vorname, Telefonnummer und Anschrift eintragen. Tragen Sie nun die Daten in die entsprechenden Spalten ein. Es kommt beim Füllen von Zellen nicht selten vor, dass der vorhandene Platz zu klein ist und die Zelle vergrößert werden sollte.

Lässt sich eine Zelle vergrößern?

Excel bietet die Möglichkeit, sowohl die Spaltenbreite, als auch die Zeilenhöhe zu definieren. Natürlich gibt es verschiedene Wege, diese Parameter anzupassen. Fahren Sie mit dem Mauszeiger auf die Grenzlinie zwischen den Zeilen- bzw. Spalten-Koordinaten. Halten Sie diese Linie mit dem Mauszeiger fest (linke Maustaste gedrückt halten) und verschieben Sie diese. Wollen Sie die Spalte bzw. Zeile exakt an den größten Zelleneintrag anpassen, reicht auch ein Doppelklick auf die entsprechende Linie. Außerdem können Sie Breite und Höhe einer Zelle auch manuell eintippen. Fahren Sie mit dem Mauszeiger auf die Fläche mit der Spalten- bzw. Zeilenbezeichnung. Also A, B, C … oder 1, 2, 3 … und öffnen Sie das Kontextmenü (rechte Maustaste). Wählen Sie hier den Eintrag „Spaltenbreite" bzw. „Zeilenhöhe" und geben Sie im Dialogfeld eine passende Zahl ein.

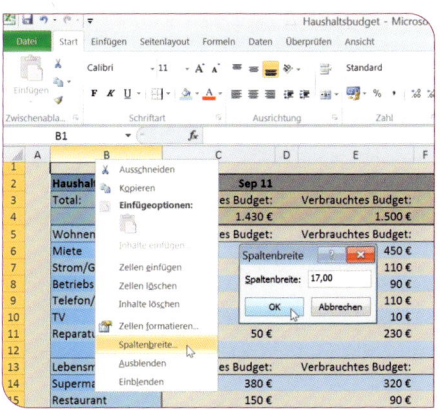

Passen Sie die Spaltenbreite z. B. über das Kontextmenü an.

Wie rahme ich eine Zelle ein?

Ein häufig genutztes Gestaltungselement bei Tabellen sind Rahmen. Mit ihnen kann man einzelne Zellen, Zellverbände oder Abschnitte mit verschieden dicken Rahmen abgrenzen. Am einfachsten setzen Sie einen Rahmen, indem Sie eine oder mehrere Zellen markieren und im Menüband „Start" das Pull-down-Menü „Rahmenlinien" im Bereich „Schrift" aufrufen. Außerdem können Sie im Kontextmenü einer markierten Zelle oder einer Zellgruppe die Option „Zelle formatieren" öffnen. In diesem Dialogfenster lassen sich in der Registerkarte „Rahmen" verschiedene Umrandungen setzen. Wählen Sie dafür unter „Art" einen Linientyp aus und platzieren Sie die Auswahl mit einem Mausklick an der rechten, linken, oberen und/oder unteren Kante unter „Rahmen".

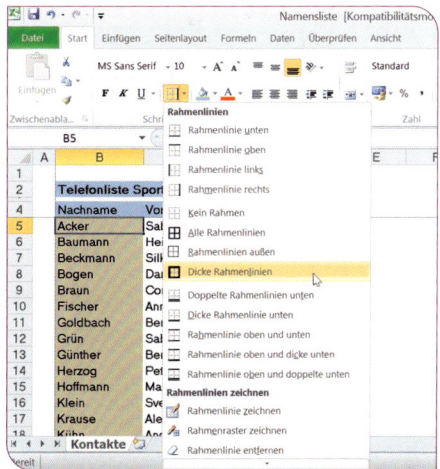

Wählen Sie hier einen passenden Rahmen für Zellen.

Wie kann ich den Zelleninhalt formatieren?

Wie Sie bereits wissen, können in Zellen Zahlen, Texte oder Formeln stehen. Zahlen beispielsweise als Währung, Datum, Uhrzeit oder Prozent. Damit Excel die eingegebene Zahl korrekt anzeigt, müssen Sie die Zelle entsprechend formatieren. Soll z. B. eine Währung mit zwei Dezimalstellen hinter dem Komma und einem Währungssymbol angezeigt werden, müssen Sie dies einstellen. Beispielsweise im Menüband „Start" im Bereich „Zahl". Hier steht eine Schaltfläche mit einem Geld-Symbol. Klicken Sie auf die Schaltfläche, um ein Auswahlmenü zu öffnen. Um die markierten Zellen auf die Währung Euro einzustellen, klicken Sie einfach auf „€ Deutschland". Benötigen Sie eine andere Formatierung, klicken Sie auf „Weitere Buchhaltungsformate", um die Dialogbox „Zelle formatieren" zu öffnen.

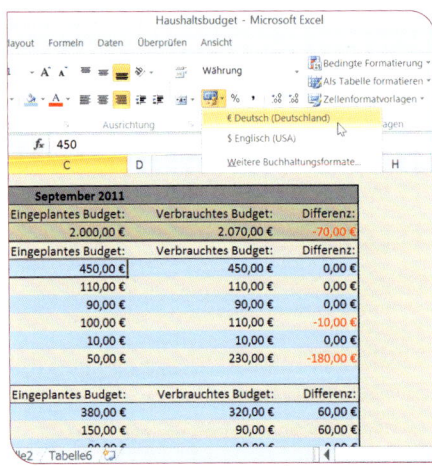

Im Menüband „Start" können Sie Zellen ein Währungsformat zuweisen.

Tipp: Die Dialogbox „Zelle formatieren" können Sie auch über das Kontextmenü einer Zelle aufrufen, dann zeigt sie deutlich mehr Optionen, beispielsweise „Ausrichten", um die Textausrichtung zu bestimmen, „Schrift", um die Schriftart und -effekte zu setzen oder „Rahmen", um einen Rahmen zu definieren.

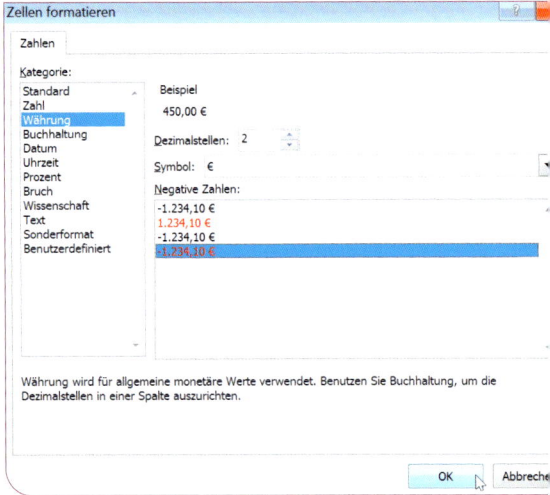

Um ein Format genauer zu bestimmen, müssen Sie die Dialogbox „Zelle formatieren" öffnen.

Wie füge ich Spalten, Zeilen oder Zellen ein?

Zunächst müssen Sie Excel sagen, an welchem Ort eine neue Spalte, Zeile oder Zelle eingefügt werden soll. Dafür markieren Sie einfach eine Zelle auf dem Arbeitsblatt. Wählen Sie nun im Menüband „Start" das Dialogfeld

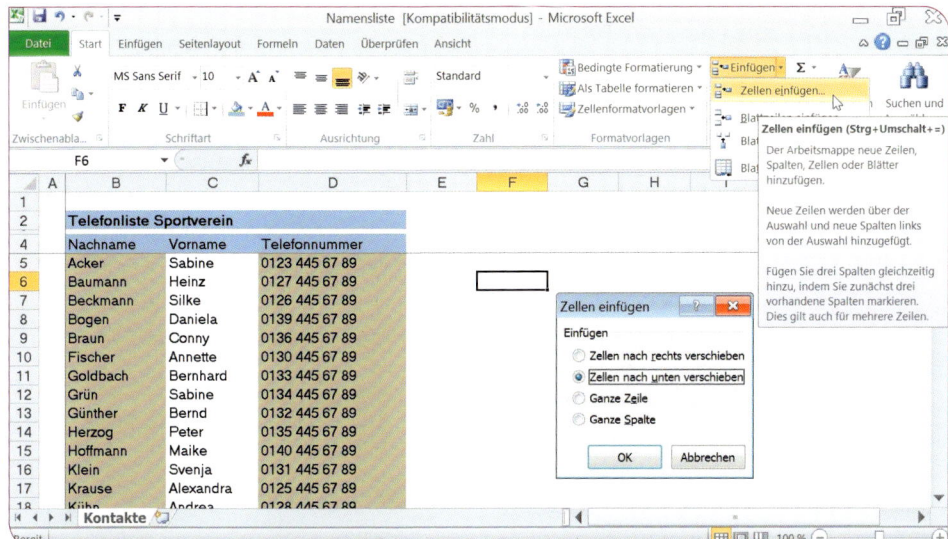

Hier fügen Sie Zellen, Zeilen oder Spalten ein.

„Zelle" aus. Hier haben Sie die Auswahl zwischen „Einfügen", „Löschen" und „Format". Öffnen Sie das Pulldown-Menü „Einfügen" und wählen Sie den Eintrag „Zelle einfügen" aus. In einer neuen Dialogbox können Sie nun auswählen, ob Sie die markierte Zelle nach rechts oder nach unten verschieben wollen. Außerdem können Sie hier eine ganze Zeile oder Spalte einfügen. Wählen Sie dafür die entsprechende Option mit dem Mauszeiger aus und übernehmen Sie diese mit einem Klick auf die OK-Taste.

Kann ich Einträge suchen lassen?

Ebenfalls im Menüband „Start" finden Sie eine Suchoption, die Ihnen hilft, schnell einen Eintrag zu finden. Alter-

nativ können Sie diese Funktion mit der Tastenkombination Strg + F aufrufen. Geben Sie unter „Suchen nach" den Suchbegriff ein und klicken Sie entweder auf „Alle suchen", um eine Liste mit allen zum Suchbegriff passenden Zellen anzuzeigen, oder auf „Weitersuchen", um eine einzelne Zelle im Tabellenblatt zu markieren.

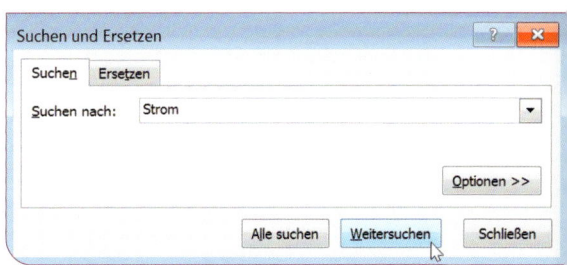

Excel bietet eine komfortable Suchfunktion.

Der Rechenkünstler

Excel ist nicht nur dazu da, um Tabellen, wie Telefonlisten, zu erstellen, sondern bietet umfangreiche Rechenfunktionen, die vieles erleichtern können. So kann Excel z. B. automatisch aus einer Budgetliste errechnen, ob ein Budget eingehalten worden ist oder nicht. Sie müssen dem Programm nur sagen, welche Rechenschritte es durchführen soll und welche Zellen dabei zu berücksichtigen sind.

Neben einfachen Rechenaufgaben wie Plus, Minus oder Dividieren, kann der Tabellengigant auch komplexe Rechenaufgaben bewältigen. Das Grundprinzip, Excel das Rechnen zu überlassen, wollen wir hier behandeln. Eine komplette Übersicht über die Möglichkeiten würde den Rahmen dieses Buchs allerdings sprengen.

Wie rechne ich mit Excel?

Sie haben bereits verschiedene Zahlen in eine Tabelle eingetragen, die Sie z. B. addieren, subtrahieren, multiplizieren oder dividieren wollen. Wählen Sie zunächst die Zelle, in der das Ergebnis ausgegeben werden soll. Tragen Sie in die Zelle ein „="-Zeichen ein, gefolgt vom Zellennamen, der zu berechnenden Zelle, dem mathematischen Zeichen und einem weiteren Zellennamen.

Das klingt kompliziert, ist es aber eigentlich nicht. Ein Beispiel: Wollen Sie den Wert aus Zelle B2 mit dem Wert aus Zelle C2 multiplizieren und das Ergebnis in Zelle E2 ausgeben, dann müsste die Formel in der Zelle E2 folgendermaßen lauten: „=B2*C2".

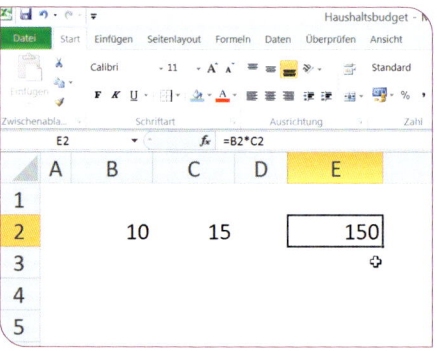

*Die Formel in Zelle E2 wird in der Bearbeitungsleiste angezeigt und lautet =B2*C2.*

Wollen Sie die Zellen addieren, ersetzen Sie das „*" durch ein „+", „/" steht für dividieren und ein „-" für subtrahieren. So einfach kann Rechnen mit Excel sein.

Info: Zellen, die berechnet werden sollen, müssen nicht nebeneinander liegen. Sie können z. B. die Zelle B2 mit der Zelle D25 addieren und das Ergebnis in Zelle J3 ausgeben.

Muss ich die Zellennamen immer eingeben?

Wenn Sie nicht nur ein oder zwei Zellen berechnen wollen, müssen Sie nicht immer alle Zellennamen von Hand eintragen. Es reicht aus, wenn Sie in die Ergebniszelle ein „="-Zeichen schreiben und, bleiben wir bei unserem Beispiel, die Zelle B2 mit dem Mauszeiger anklicken, ein * (Multiplikations-Zeichen) eingeben und auf die Zelle C2 klicken. Mit der Entertaste schließen Sie die Eingabe ab und das Ergebnis wird angezeigt.

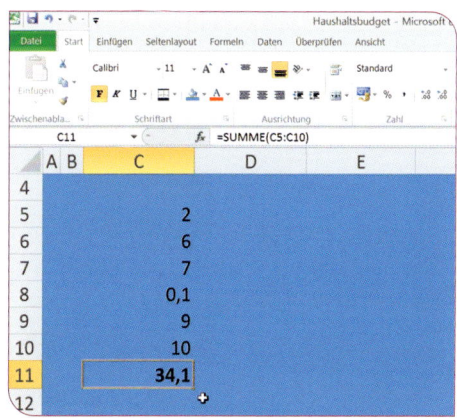

Mit dieser Formel können Sie Spalten und/oder Zeilen einfach addieren.

Lassen sich Zahlenreihen addieren?

Wenn Sie mehrere Zahlen in einer Spalte und/oder Zeile addieren wollen, müssen Sie die einzelnen Zellen nicht mühevoll anklicken oder manuell eintragen – zumindest, wenn sie nebeneinander liegen. Geben Sie in die Bearbeitungsleiste einfach den Befehl „=SUMME" gefolgt von einem „("-Zeichen ein. Markieren Sie nun die Zellen, die addiert werden sollen. Die erste und die letzte markierte Zelle werden in der Bearbeitungsleiste angezeigt und durch einen Doppelpunkt getrennt. Schließen Sie die Formel nun mit einer geschlossenen Klammer ab.

Beispiel: Eine Formel, die in der Spalte C die Zellen 5 bis 10 addieren soll, sieht so aus: „=SUMME(C5:C10)".

Geht das nicht einfacher?

Mit Funktionen wie „SUMME" können Sie komplexe Berechnungen erstellen. Damit Sie sich nicht alle Möglichkeiten und Formeln merken müssen, bringt Excel einen Assistenten mit. Außerdem finden Sie verschiedene Funktionen im Menüband „Formel" oder rufen Sie den Assistenten über die Schaltfläche auf, die sich links neben der Bearbeitungsleiste befindet.

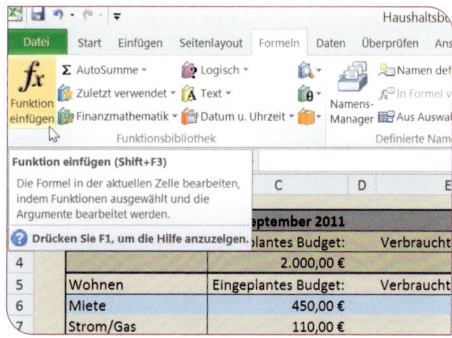

Der Funktionsassistent lässt sich unter anderem über diese Schaltfläche öffnen.

Formeln nutzen

In der Dialogbox „Funktion einfügen" finden Sie nicht nur „SUMME", sondern viele weitere Funktionen, mit denen Sie komplexe Rechenaufgaben abarbeiten können. Bleiben wir aber zunächst bei dem bekannten Begriff „SUMME". Um die Summe von zwei Zahlenkolonnen aus einer Excel-Tabelle zu addieren, gehen Sie folgendermaßen vor:

1. Öffnen Sie die Dialogbox „Funktion einfügen".
2. Wählen Sie die Funktion „SUMME" aus.

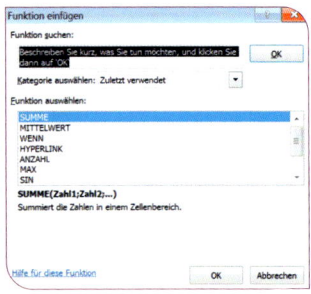

3. Definieren Sie die sogenannten Funktionsargumente, indem Sie in der gleichnamigen Dialogbox auf den Button hinter Zahl1 klicken.

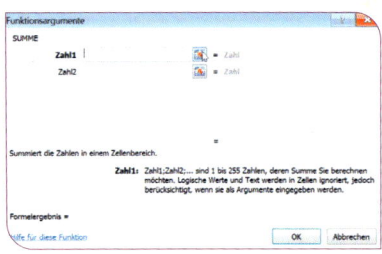

4. Markieren Sie die entsprechende Zellenreihe mit dem Mauszeiger und übernehmen Sie die Eingabe mit der Enter-Taste.

5. Fahren Sie für weitere Zellenreihen unter Zahl2, Zahl3 etc. wie beschrieben fort.
6. Sind alle Zellen markiert und übernommen, klicken Sie in der Dialogbox „Funktionsargumente" auf den OK-Button.

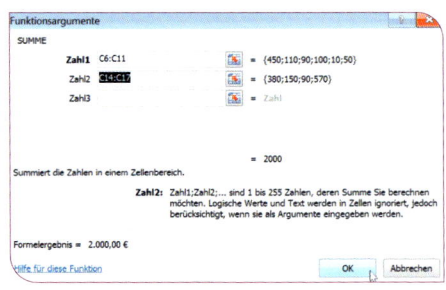

7. Die Formel ist mit der Zelle verbunden.

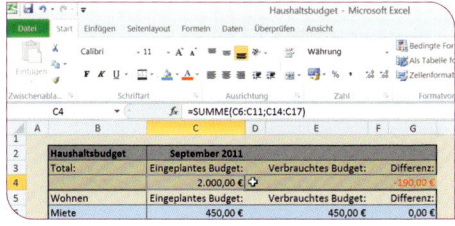

MAX: Gibt den größten Wert der eingebundenen Zellen aus.
MITTELWERT: Gibt den Mittelwert markierter Zellen aus.

Lassen sich Formeln kopieren?

Benötigen Sie eine Formel an einer anderen Stelle, müssen Sie diese nicht jedes Mal neu eintippen. Kopieren Sie die Zelle einfach an eine andere Stelle. Die Formel wird dann automatisch angepasst. Wenn Sie also in der Zelle E6 die Formel =SUMME(E2:E5) stehen haben und diese in die Zelle B6 kopieren, verändert sich die Formel wie folgt: =SUMME(B2:B5).

Soll die Formel in die anliegenden Zellen übertragen werden, können Sie die Zelle auch einfach mit dem Mauszeiger duplizieren. Fahren Sie an die untere rechte Zellenecke, bis sich der Mauszeiger in ein Kreuz verwandelt. Nun erfassen Sie das Eck durch Drücken der linken Maustaste und ziehen die Zelle über die folgenden. Schon ist die Formel auf alle markierten Zellen übertragen worden.

Excel schlägt Ihnen auch Formeln vor: Geben Sie direkt in eine Zelle ein „="-Zeichen, gefolgt von einem Buchstaben, z. B. H, ein, werden alle möglichen Formelansätze mit dem Anfangsbuchstaben H aufgelistet. Wenn Sie z. B. den Eintrag „Heute" übernehmen, wird in der markierten Zelle immer das aktuelle Datum ausgegeben.

Tipp: Wenn Sie mehrere Zahlenfolgen addieren wollen, dann trennen Sie die einzelnen Gruppen durch ein Semikolon. Excel addiert dann die einzelnen Werte.

Beispiel: Sollen die Zahlen der Zellen 3 bis 7 aus den Spalten C und G addiert werden, dann würde die Formel für die Ergebniszelle wie folgt aussehen: =SUMME(C3:C7;G3:G7)

Gibt es weitere Funktionen?

Excel bietet in seinem Formelassistenten neben „SUMME" viele weitere Funktionen, wie z. B.:

ABRUNDEN: Rundet eine Zahl auf eine beliebige Stelle hinterm Komma ab.
ANZAHL: Diese Funktion berechnet, wie viele Zellen Zahlen enthalten.

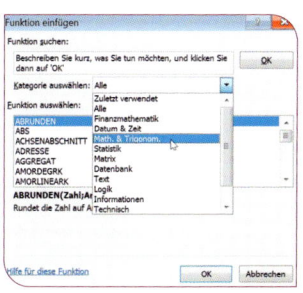

Der Formel-Assistent bringt eine Vielzahl an Funktionen mit und hilft beim Einrichten.

Daten sortieren

Wie kann ich Tabellen sortieren?

Um die Übersicht in einer langen Tabelle zu erhalten, sollte diese numerisch oder alphabetisch sortiert werden. So findet man z.B. in einer Adressliste Einträge viel schneller wieder, ohne die Suchfunktion zu aktivieren. Um eine Tabelle zu sortieren, markieren Sie zunächst den Bereich, der geordnet werden soll. Alle markierten Zellen sollten nun farbig hinterlegt sein.

Die Schaltfläche für das Dialogfenster „Sortieren" finden Sie unter anderem im Menüband „Start" im Bereich „Bearbeiten" und im Menüband „Daten"

im Bereich „Sortieren und Filtern". Mit einem der beiden Schnellsortier-Buttons (gekennzeichnet durch AZ bzw. ZA und einem Pfeil nach unten) können Sie die markierte Liste mit einem Mausklick sortieren. Wählen Sie AZ, wird der niedrigste Wert an den Anfang gesetzt. Das heißt 1, 2, 3 … bzw. A, B, C etc. Genau andersherum erfolgt die Sortierung, wenn Sie ZA anklicken.

Sie können aber noch weitere Sortierkriterien festlegen. Klicken Sie dafür auf den Button „Sortieren" bzw. „Benutzerdefiniertes Sortieren" im Pull-down-Menü der Schaltfläche „Sortieren und Filtern" im Menüband „Start", um das Dialogfenster „Sortieren" zu öffnen.

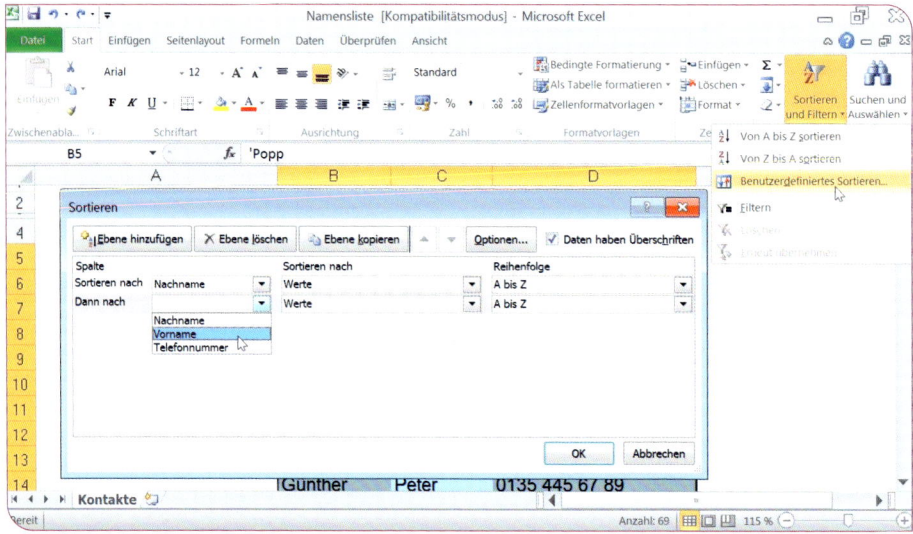

Excel kann nach mehreren Regeln sortieren.

Hier haben Sie die Möglichkeit, nach verschiedenen Spalten zu sortieren, z. B. erst nach der Spalte Namen, dann nach Vornamen etc. Um eine weitere Sortieroption festzulegen, müssen Sie mit der gleichnamigen Schaltfläche eine „Ebene hinzufügen".

Wie kann ich Zellen fixieren?

Wenn Sie z. B. eine lange Telefonliste angelegt und sortiert haben, dann ist es doch ärgerlich, wenn beim Scrollen des Dokuments die Spalten- und Zeilenüberschriften wie z. B. Vorname, Nachname, Telefonnummer, Straße, Wohnort etc. verschwinden. Um dies zu vermeiden, können Sie einzelne Spalten und/oder Zeilen einfrieren. Excel bietet ihnen dafür verschiedene Möglichkeiten: Beispielsweise können Sie, ausgehend von der aktuellen

Cursor-Position, die Zeile und Spalte oberhalb bzw. links davon fixieren. Wenn Sie nun durch die Tabelle scrollen, bleiben diese Bereiche stehen. Außerdem können Sie auch nur die oberste Zeile oder nur die erste Spalte einfrieren. Wechseln Sie für diesen Trick in das Menüband „Ansicht" und wählen Sie im Bereich „Fenster" die Option „Fenster einfrieren". Im folgenden Dialogfeld stehen Ihnen folgende Optionen zur Auswahl: Fenster einfrieren, oberste Zeile einfrieren oder erste Spalte einfrieren. Je nach gewählter Option bleiben nun eine oder mehrere Zeilen bzw. Spalten beim Scrollen (Verschieben) des Arbeitsblatts erhalten.

So haben Sie auch in großen Tabellen immer einen Blick auf die Zeilen- bzw. Spaltenüberschriften und wissen, welcher Eintrag was bedeutet.

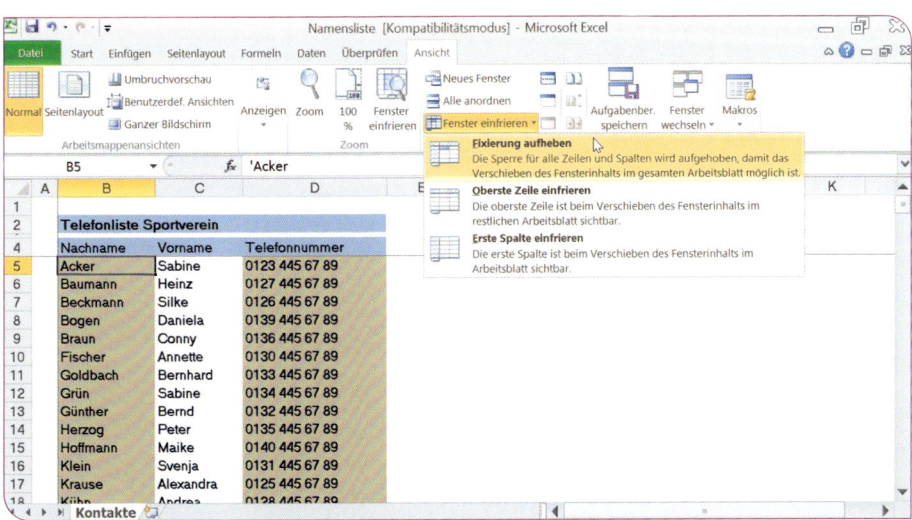

In der Registerkarte „Ansicht" können Sie eine Zeile oder Spalte einfrieren, sodass sie sich nicht verschiebt, wenn Sie das Arbeitsblatt bewegen.

Diagramme erstellen

Kann ich Tabellen grafisch darstellen?

Grafische Darstellungen erleichtern das Erfassen großer Datenmengen. Darum bietet Excel verschiedene Wege, Daten grafisch anschaulich aufzubereiten. Sie können z. B. Diagramme mit Säulen oder Linien erstellen, um Zahlentabellen zu visualisieren.

Schreiben Sie die für Ihr Diagramm relevanten Zahlen in Zeilen und Spalten. Die Beschriftungen der Zeilen sollten Sie links von diesen eintragen, die für die Spalten entsprechend darüber. Excel kann aus diesen Informationen ein Diagramm erstellen.

Markieren Sie zunächst die Zellen inklusive der Beschriftungszellen und wechseln Sie in das Menüband „Einfügen".

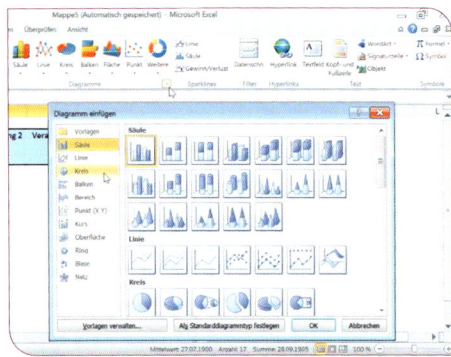

Öffnen Sie mit dieser Pfeiltaste weitere Diagrammvarianten.

Hier finden Sie das Dialogfeld „Diagramme", das Ihnen eine große Auswahl an Säulen-, Linien-, Kreis- und anderen Diagrammen bietet. Zusätzlich können Sie weitere Möglichkeiten aufrufen, wenn Sie auf den kleinen Pfeil im rechten unteren Eck der Dialogbox klicken.

Wählen Sie nun ein Diagramm aus. Das Diagramm wird umgehend im Tabellenblatt angezeigt und kann in der Registerkarte „Diagrammtools" weiter angepasst werden. Hier können Sie Optionen wie „Typ", „Daten", „Diagrammlayouts", „Diagrammformatvorlagen" oder „Ort" verändern.

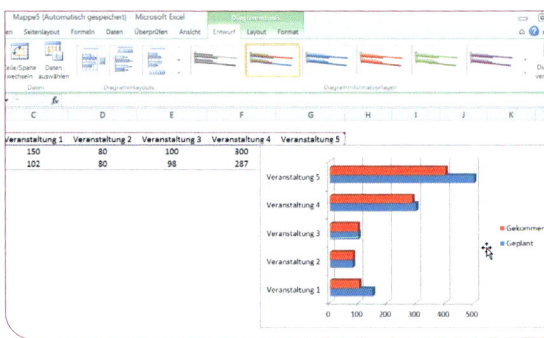

Das Diagramm wird im Tabellenblatt eingeblendet.

Lässt sich die Farbe der Balken ändern?

Viele Optionen zum Anpassen der Diagramme finden Sie auch im Kontextmenü. Wählen Sie z. B. in einem

Säulendiagramm eine Säulengruppe aus und öffnen Sie mit der rechten Maustaste das Kontextmenü. Hier können Sie über ein Pull-down-Menü die Füllfarbe der Säule bestimmen, aber auch die Datenbeschriftung hinzufügen. So wird dem Betrachter schneller klar, welchen Zahlenwert eine Säule symbolisiert. Außerdem können Sie über das Kontextmenü unter anderem noch die Schriftart der angezeigten Textfelder ändern, Effekte hinzufügen oder den Diagrammbereich formatieren. Nutzen Sie die verschiedenen Möglichkeiten, um trockene Tabellenzahlen mit Farben und Effekten optisch aufzuwerten.

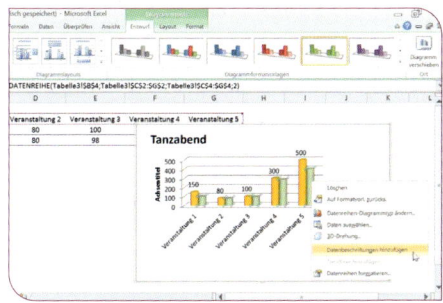

Fügen Sie über das Kontextmenü Datenbeschriftungen hinzu.

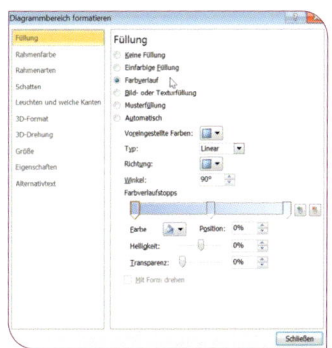

Ändern Sie die Hintergrundfarbe eines Diagramms.

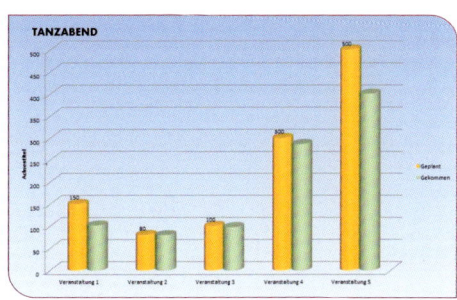

Farbe wertet ein tristes Diagramm optisch auf.

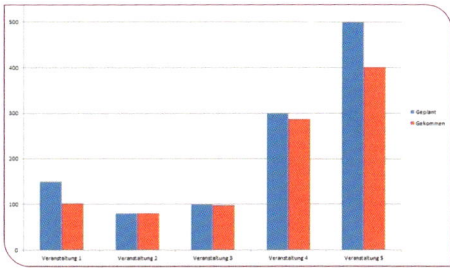

Ein Standarddiagramm

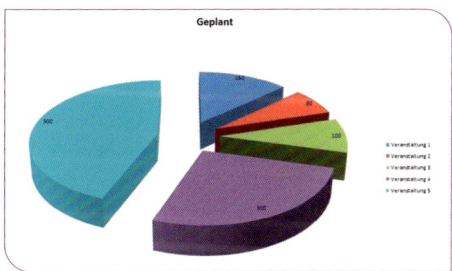

Ein Kreisdiagramm

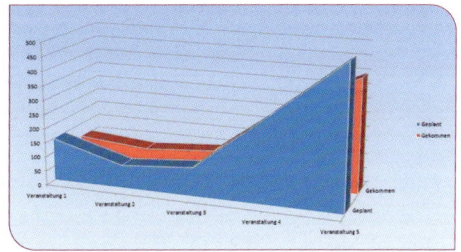

Ein Bereichsdiagramm

Fehler finden

Beim Umgang mit großen Tabellen, Zahlen, Texten und Formeln kann es schon mal zu einem Fehler bei der Eingabe kommen. Excel, wie alle anderen Office-2010-Module auch, hilft dem Anwender, Fehler schnell zu finden und sie zu beseitigen. Wie in Word 2010 finden Sie z. B. auch in Excel 2010 im Menüband „Überprüfen" eine Rechtschreibprüfung oder die Möglichkeit, Kommentare in das Arbeitsblatt zu integrieren.

eine kleine Schaltfläche mit einem Ausrufezeichen. Wenn Sie auf die Schaltfläche klicken, öffnet sich ein Fenster, in dem das mögliche Problem beschrieben wird. Außerdem finden Sie hier gleich ein paar Lösungsvorschläge und eine Schaltfläche, mit der Sie den Fehler ignorieren können.

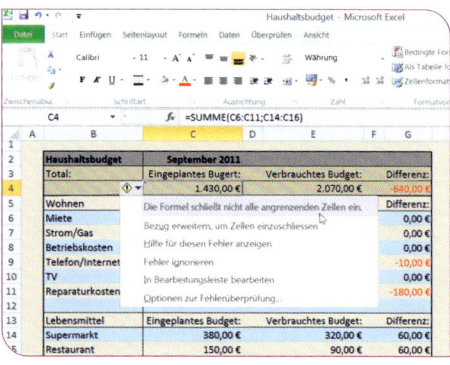

Excel liefert für Probleme gleich ein paar Lösungsvorschläge.

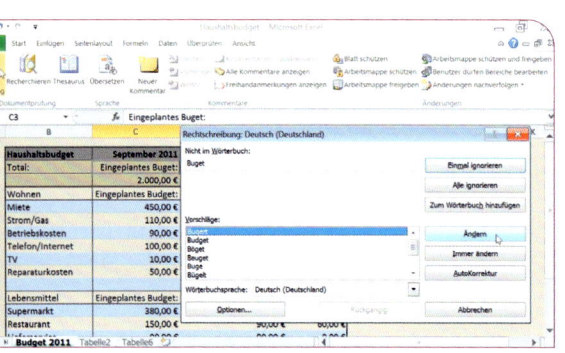

Mit der Rechtschreibprüfung können Sie Tippfehler aufspüren.

Es können aber auch Formelfehler vorliegen, die Excel in der Regel mit einem Fehlerwert ausgibt. Wenn z. B. eine Zahl durch eine Null bzw. durch eine leere Zelle geteilt werden soll, steht statt einem Ergebnis „#DIV/0" in der Zelle.

Excel meldet Ungereimtheiten mit einem kleinen grünen Dreieck im linken oberen Zellenrand. Wird die markierte Zelle ausgewählt, erscheint links daneben

Bei größeren Tabellen fallen Formelfehler und kleine grüne Dreiecke nicht gleich auf, z. B. weil Sie eine Zelle löschen, die für die Berechnung einer anderen Zelle, vielleicht sogar auf einem anderen Arbeitsblatt, wichtig ist. Darum sollten Sie ein Dokument vor dem endgültigen Abspeichern prüfen. Um Formelfehler aufzuspüren finden Sie im Menüband „Formeln" im Abschnitt „Formelüberwachung" die Schaltfläche „Fehlerüberprüfung". Klicken Sie auf den Button, um das

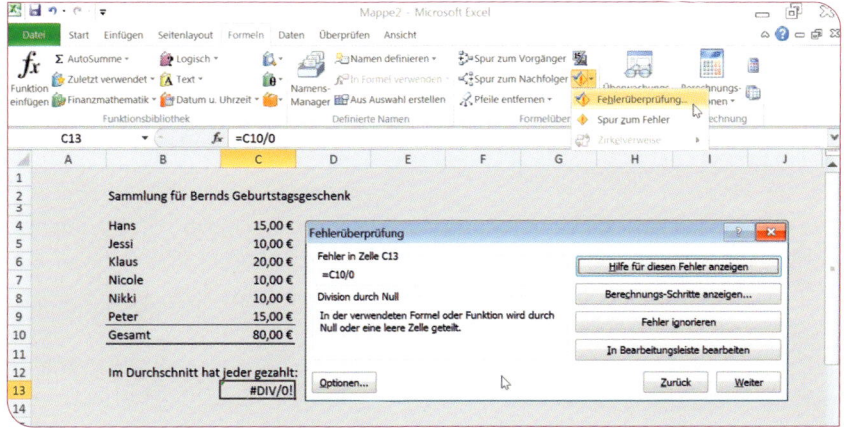

Mit der Fehlerüberprüfung spüren Sie schnell Formelfehler auf und erhalten Lösungsvorschläge für das Problem.

Dialogfeld „Fehlerüberprüfung" zu öffnen. Findet Excel einen Fehler, wird dieser sofort angezeigt und beschrieben. Klicken Sie auf „Zurück" oder „Weiter", um die Prüfung fortzusetzen. Ist nicht ganz klar, von welcher Zelle der Fehler ausgeht, hilft Ihnen Excel, den Fehler anschaulicher zu machen. Öffnen Sie im Menüband „Formeln"

das Pull-down-Menü „Fehlerüberprüfung" und klicken Sie den Eintrag „Spur zum Fehler" an. Excel zeichnet nun mit grafischen Elementen den Weg von der Zelle mit der fehlerhaften Formel zur Datenzelle. Klicken Sie auf den Button „Pfeile entfernen" (Bereich „Formelüberwachung"), um den Spur-Pfeil wieder auszublenden.

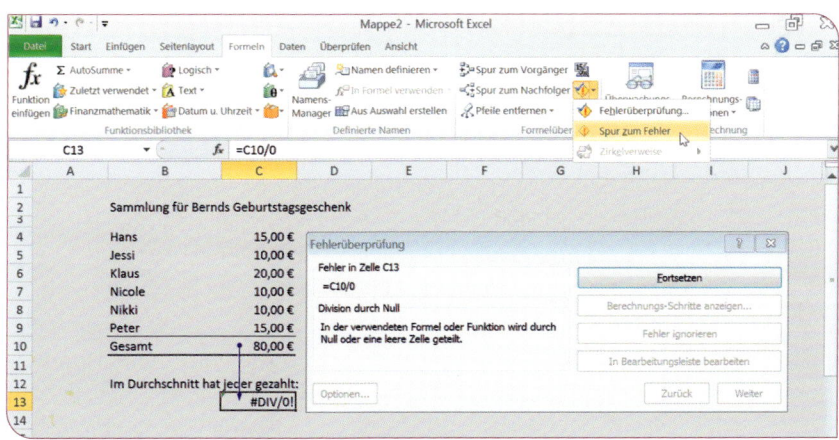

Excel zeigt Ihnen die Spur zum Fehler mit einem Pfeil.

Ansichten nutzen

Wie Sie es von Word kennen, bietet auch Excel verschiedene Ansichten. Neben der normalen Ansicht, die sich zum Bearbeiten von Dokumenten bestens eignet, gibt es noch die Umbruchvorschau, eine benutzerdefinierte Ansicht und die Möglichkeit, das Arbeitsblatt auf dem ganzen Bildschirm zu zeigen.

Wechseln Sie in die Ansicht „Seitenlayout", um z. B. eine Kopf- bzw. Fußzeile einzubinden. Wenn Sie den Bereich in Excel auswählen, erscheint eine neue Registerkarte „Entwurf", über die Sie unter anderem Seitenzahlen, Grafiken oder ein Datum einfügen können. Dabei ist die Vorgehensweise vergleichbar mit den Schritten in Word 2010. Eine sehr wichtige Ansicht ist zudem die „Umbruchvorschau". Hier können

Sie die Seitenumbrüche für Ihr Dokument definieren. Gerade große Tabellen passen beim Ausdruck nicht immer auf ein Blatt Papier und werden von Excel automatisch auf mehrere Blätter verteilt. Häufig werden dabei zusammenhängende Spalten auf mehrere Seiten versprengt. Dem kann man mit der Umbruchvorschau entgegenwirken und die Seitenumbrüche einfach selbst festlegen. Dafür müssen nur die blauen Linien mit dem Mauszeiger erfasst und verschoben werden. Excel zeigt Ihnen dann die Verteilung der Druckseiten in der Vorschau an.

Außerdem gibt es noch die Ansicht „Ganzer Bildschirm", die gerade bei großen Tabellen für mehr Übersicht sorgt. Allerdings bleiben in dieser

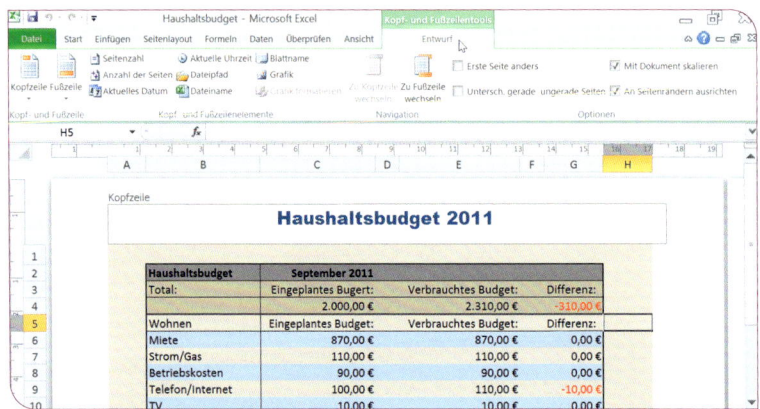

Wenn Sie in der Ansicht „Seitenlayout" in den oberen Bereich Ihres Dokuments klicken, öffnet sich im Menüband eine zusätzliche Registerkarte, über die Sie die Kopf- und Fußzeile bearbeiten können.

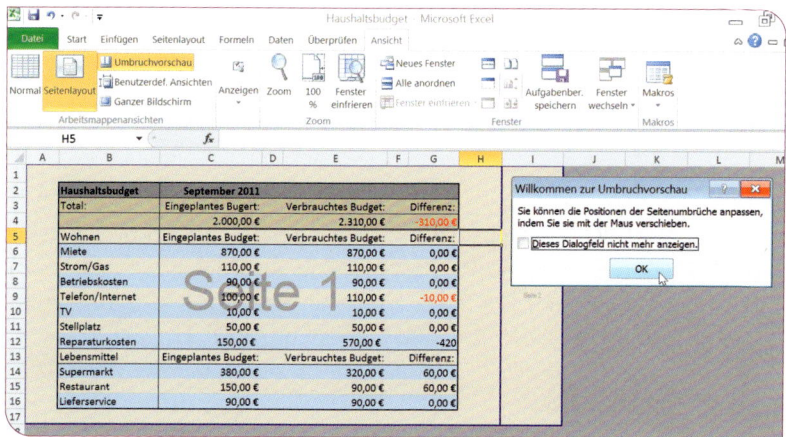

In der Ansicht „Umbruchvorschau" können Sie die Seitenumbrüche bestimmen.

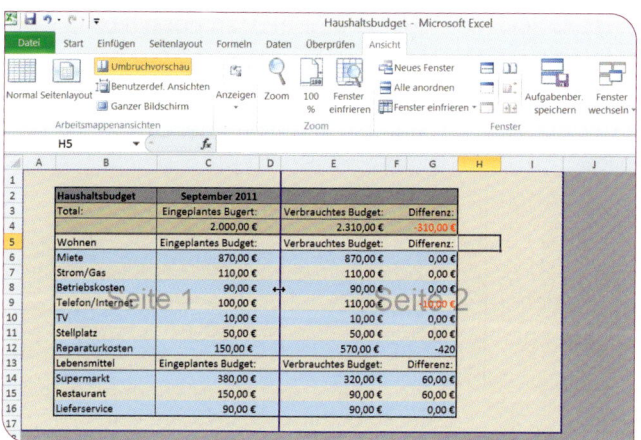

Um den Seitenumbruch neu zu platzieren, müssen Sie nur die blaue Linie erfassen und verschieben.

Ansicht die Menübänder auf der Strecke. Um die Ansicht „Ganzer Bildschirm" wieder zu verlassen, drücken Sie einfach die Esc-Taste Ihrer Tastatur.

Wie drucke ich eine Tabelle?

Wenn Sie alle Änderungen an Ihrer Arbeitsmappe vorgenommen haben, können Sie das Werk einmal ausdrucken. Genau wie in Word 2010 finden Sie in Excel 2010 die Druckoptionen in der Backstage-Ansicht. Allerdings gibt es beim Ausdruck von Tabellen ein paar Punkte zu beachten. Denn gerade große Excel-Tabellen passen nur selten auf ein normales DIN-A4-Blatt. Um dennoch einen ansehnlichen Ausdruck zu erhalten, können Sie entweder die Seitenumbrüche anpassen oder die Druckoptionen in der Backstage-Ansicht verändern.

Die Druckvorschau nutzen

Wo finde ich die Druckoptionen?

Die Druckoptionen von Excel finden Sie in der Backstage-Ansicht. Klicken Sie wie gewohnt auf den Reiter „Datei" und den Eintrag „Drucken". In der mittleren Spalte werden Ihnen nun verschiedene Druckoptionen angezeigt, in der rechten finden Sie eine Vorschau des Dokuments.

In der Backstage-Ansicht finden Sie die Druckoptionen von Excel.

Wie passen große Tabellen auf ein Blatt?

Haben Sie eine große Tabelle, die nicht auf ein DIN-A4-Blatt passt, müssen Sie diese entweder auf mehrere Blätter verteilen oder so verkleinern, dass es passt. Oft hilft es aber schon, wenn man im Registerblatt „Datei" unter „Drucken" das Papierformat von Hoch- auf Querformat ändert. Schon passt eine breite

Tabelle auch auf ein DIN-A4-Blatt. Dieser Trick reicht aber leider nicht immer aus.

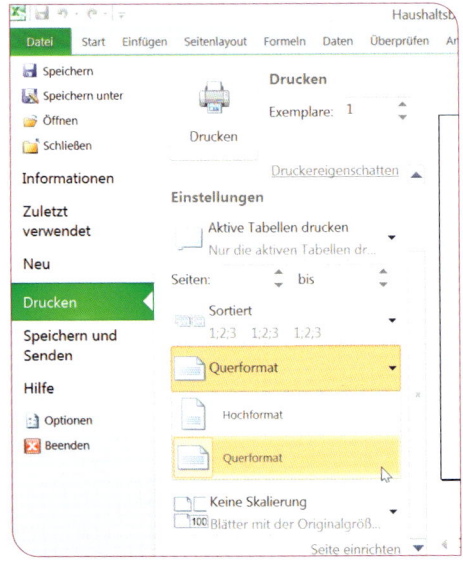

Die Papierausrichtung können Sie in der Backstage-Ansicht ändern.

Eine andere Alternative ist es, eine Tabelle auf ein Blatt schrumpfen zu lassen. Dafür steht Ihnen eine Skalierungsoption zur Verfügung. Wählen Sie einen Skalierungstyp aus, beispielsweise „Blatt auf einer Seite darstellen" oder definieren Sie eigene Skalierungsoptionen. Verkleinern Sie Ihre Tabelle aber nicht zu sehr, denn wird ein Tabellenblatt zu stark geschrumpft, geht die Lesbarkeit verloren. Prüfen Sie die eingestellten Optionen also zunächst in der Vorschau. Erscheinen die Zeichen hier schon viel zu klein, ist ein Ausdruck in der Regel überflüssig und Sie müssen die Tabelle doch auf mehrere Blätter verteilen.

Mit der Skalierungsoption passen auch große Tabellen auf ein kleines Blatt. Nachteil: Zu stark skaliert, verliert die Tabelle an Lesbarkeit, weil die Zeichen zu klein werden.

Die Einstellungen passen, wie drucke ich aus?

Haben Sie alle Einstellungen vorgenommen und passt die Vorschau, dann können Sie unter „Drucker" einen Drucker in einem Pull-down-Menü auswählen. In der Regel steht hier der in Ihrem System eingebundene Standard-Drucker, ein virtuelles Fax und Microsofts XPS-Dokument-Writer, der ein Dokument im XPS-Format auf Ihrem Rechner speichert, zur Auswahl.

Info: Das XPS-Format ist ähnlich wie das PDF-Format zur Weitergabe von digitalen Dokumenten gedacht, die nicht verändert werden sollen, aber auf allen Systemen identisch aussehen. Wenn Sie für eine Tabelle das PDF-Format bevorzugen, können Sie das Dokument mit „Speichern unter…" im PDF-Format speichern. Wählen Sie dafür nur im Speicherdialog unter Dateityp PDF aus.

Ist der Drucker eingeschaltet, können Sie den Druckbefehl mit einem Klick auf die Schaltfläche „Drucken" starten. Überprüfen Sie anschließend das Ergebnis und verändern Sie bei Bedarf die Druckparameter für den nächsten Durchgang.

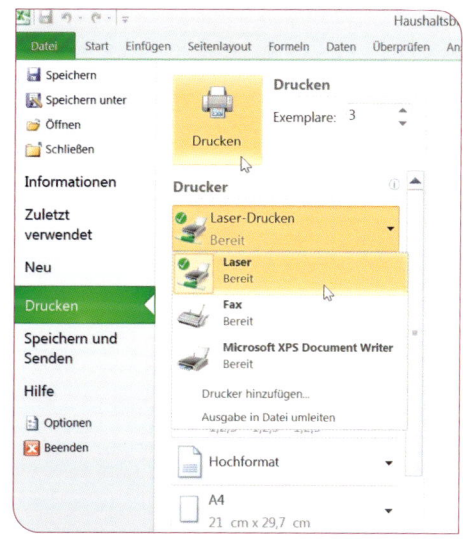

Wählen Sie den passenden Drucker aus und starten Sie den Ausdruck mit einem Klick auf die Schaltfläche „Drucken".

E-Mail-Konto

Kalender

Kontakte

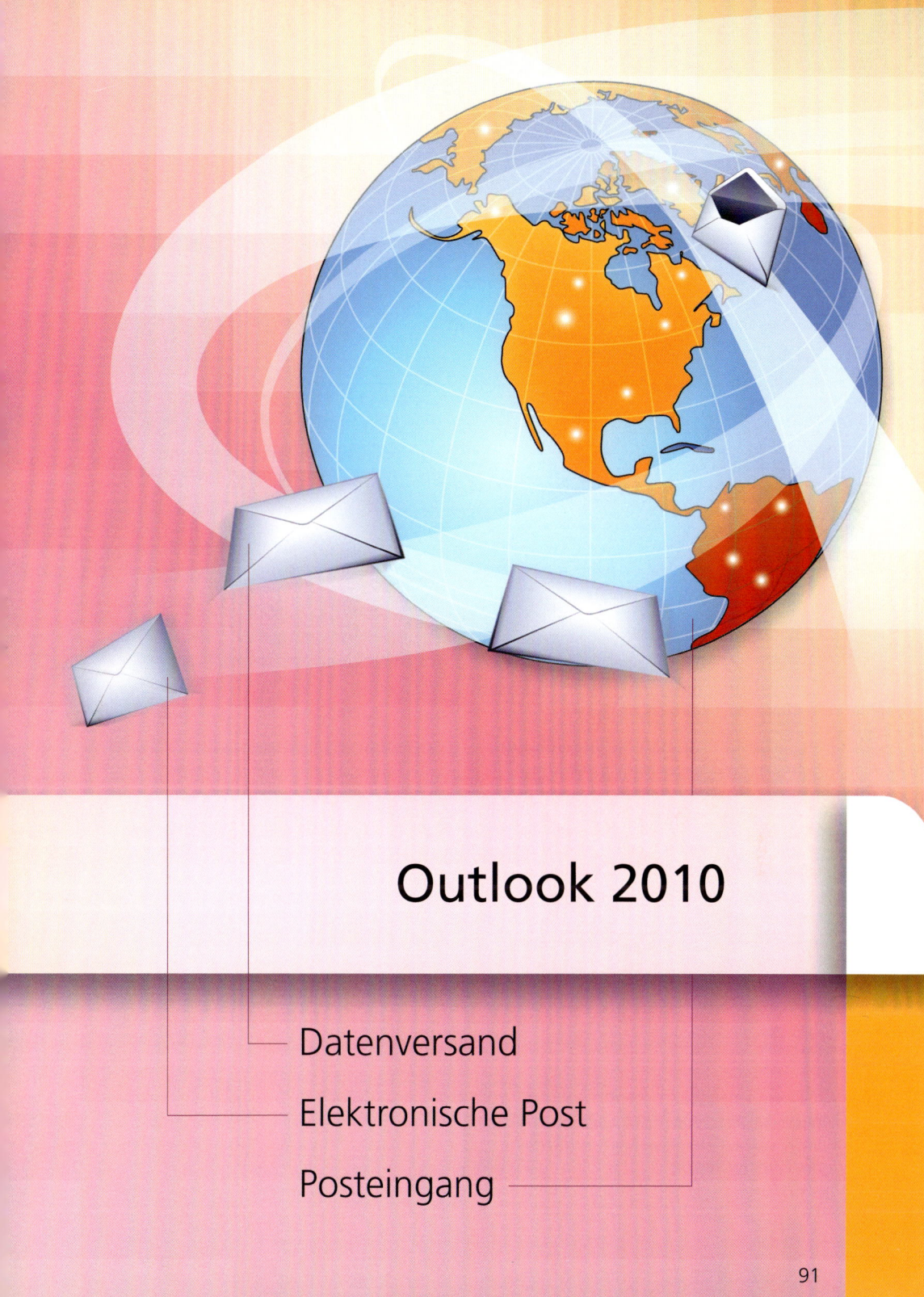

Outlook 2010

Datenversand

Elektronische Post

Posteingang

Die elektronische Post und vieles mehr

Mit Outlook 2010 befindet sich im Office-Paket von Microsoft ein Programm, das für viele Verwaltungsaufgaben genutzt werden kann. Neben Terminen, Aufgaben und Notizen lassen sich mit diesem Modul unter anderem noch umfangreiche Kontaktsammlungen bestens verwalten. Die Kernaufgaben von Outlook 2010 sind aber der Versand, die Verwaltung und die Bearbeitung von elektronischer Post – sogenannten E-Mails. Dabei ist Outlook 2010 ähnlich aufgebaut wie die bereits beschriebenen Office-Module. Neben einer Backstage-Ansicht unter der Registerkarte „Datei" finden Sie verschiedene weitere Menübänder, die je nach ausgewähltem Bereich – E-Mail, Kalender, Kontakt etc. – bestimmte Befehle bereithalten. Bevor Sie sich aber mit Outlook beschäftigen, sollten Sie ein E-Mail-Konto einrichten, wie es Ihnen Outlook beim ersten Start vorschlägt.

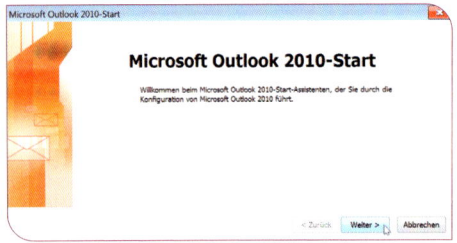

Outlook 2010 führt Sie nach dem Start mit einem Assistenten durch die Konfiguration.

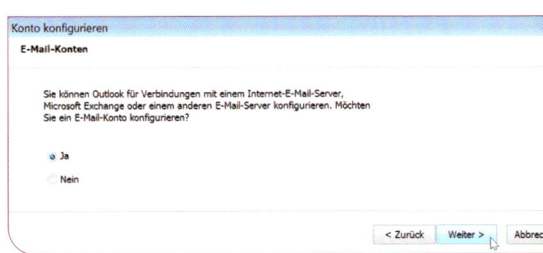

Outlook 2010 unterstützt Sie mit einem Assistenten beim Einrichten eines E-Mail-Kontos.

Wenn Sie Outlook das erste Mal aufrufen, fordert Sie das Programm auf, ein E-Mail-Konto einzurichten. Für diese Aufgabe benötigen Sie verschiedene Informationen von Ihrem E-Mail-Konto, die Sie, abgesehen von Ihrem Namen, von Ihrem E-Mail-Anbieter, dem sogenannten E-Mail-Provider, erhalten:

Diese Daten benötigen Sie, um in Outlook ein E-Mail-Konto einzurichten:
- Ihre E-Mail-Adresse
- Ihren Benutzernamen
- Ihr Kennwort

Außerdem könnte wichtig sein:
- Ihr Name
- Ihr E-Mail-Kontentyp
- Ihr Posteingangsserver
- Ihr Postausgangsserver

Wenn Sie bei einem bekannten E-Mail-Anbieter ein Konto eingerichtet haben, nimmt Ihnen Outlook viele Einstellungen ab. Ist das nicht der Fall, müssen Sie die Einstellungen manuell anpassen und die Option „Servereinstellungen oder zusätzliche Servertypen manuell konfigurieren" im Assistenten markieren. Für diesen Schritt benötigen Sie unter anderem die Servernamen Ihres Providers.

Wie richte ich ein E-Mail-Konto ein?

Zum einen fordert Outlook Sie beim ersten Start auf, ein E-Mail-Konto einzurichten, zum anderen können Sie in der Backstage-Ansicht ein oder mehrere E-Mail-Konten einrichten. Beide Möglichkeiten führen über denselben Assistenten.

Klicken Sie sich in der Backstage-Ansicht in den Bereich „Information" und öffnen Sie über den gleichnamigen Schalter die „Kontoeinstellungen". Klicken Sie hier auf den Reiter „E-Mail" und dann auf „Neu", um den Assistenten zu öffnen. Im folgenden Dialogfenster müssen Sie „E-Mail-Konto" auswählen und auf „Weiter" klicken.

Von nun an entspricht die Oberfläche der vom ersten Outlook-Start. Geben Sie zunächst Ihren Namen ein, dann eine gültige E-Mail-Adresse. Außerdem müssen Sie das von Ihnen angelegte Passwort einfügen. Klicken Sie nun auf die Schaltfläche „Weiter". Kennt Outlook Ihren E-Mail-Provider, sollte in Kürze eine Testmail verschickt werden. Klappt das nicht, überprüfen Sie zunächst Ihre Angaben – oder richten Sie das Konto manuell ein.

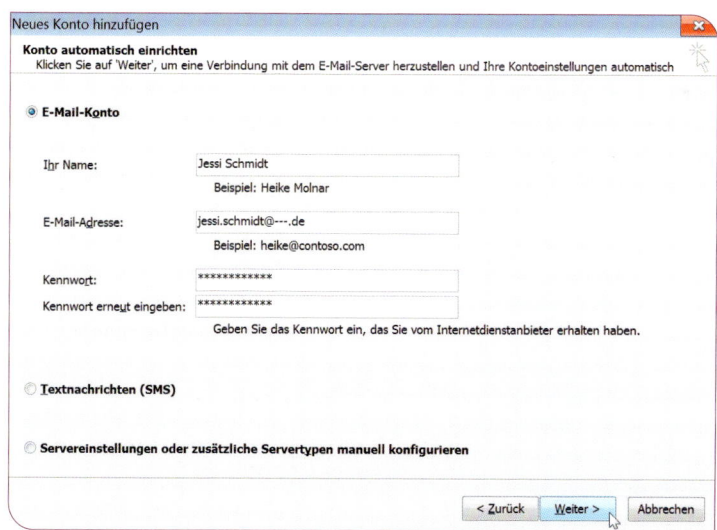

Wer Outlook manuell einrichten muss, aktiviert den Eintrag „Servereinstellungen oder zusätzliche Servertypen manuell konfigurieren".

Outlook einrichten

Was benötige ich zum manuellen Einrichten?

Ein E-Mail-Konto manuell einzurichten ist etwas schwieriger, mit den richtigen Daten aber auch kein großes Problem. Wer hier unsicher ist, dem hilft bestimmt gerne ein Bekannter weiter, der sich mit der Materie etwas besser auskennt. Denn das E-Mail-Konto muss in der Regel nur einmal eingerichtet werden, dann läuft es von allein – sofern eine Internetverbindung mit Ihrem Rechner besteht.

Beim manuellen Einrichten eines E-Mail-Kontos benötigen Sie zusätzlich zu Ihrem Benutzernamen, Ihrer E-Mail-Adresse und einem Kennwort noch Parameter wie z. B. den Konto-Typ Ihres Anbieters, z. B. POP3 oder IMAP, und Angaben zum Posteingangs- sowie dem Postausgangsserver. Diese Daten können Sie bei Ihrem Provider im Internet abfragen.

Wie richte ich ein Konto manuell ein?

Öffnen Sie zunächst den Assistenten und aktivieren Sie die Einstellung „Servereinstellungen oder zusätzliche Servertypen manuell konfigurieren". Klicken Sie anschließend auf „Weiter". Wählen Sie nun den Punkt „Internet-E-Mail" aus und klicken Sie wieder auf „Weiter".

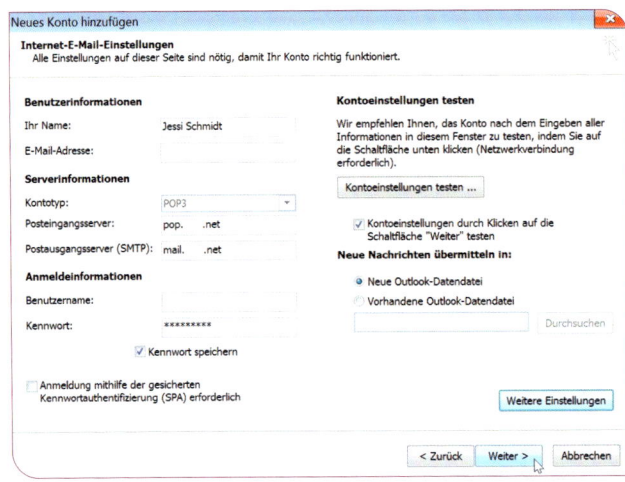

Bei der manuellen Konfiguration benötigen Sie deutlich mehr Angaben, die Sie von Ihrem E-Mail-Provider erhalten.

Geben Sie zunächst Ihren Namen in das entsprechende Feld ein, dann eine E-Mail-Adresse. Nun müssen Sie im Abschnitt Serverinformationen den Kontotyp und die Servernamen eintragen, die Sie von Ihrem E-Mail-Provider erhalten haben. Außerdem benötigt Outlook noch die Anmeldedaten zu Ihrem E-Mail-Konto. Geben Sie Ihren Benutzernamen und das Kennwort ein. Setzen Sie zudem einen Haken bei „Kennwort speichern". Wollen Sie das Kennwort nicht auf Ihrem Rechner speichern, fragt Outlook jedes Mal nach, wenn Sie E-Mails abrufen.

Einige E-Mail-Dienste benötigen zudem weitere Einstellungen. Klicken Sie auf die gleichnamige Taste unten rechts im Dialogfenster, um die weiteren Einstellungen zu öffnen. Unter dem Reiter „Allgemein" können Sie Ihrem Konto einen Namen geben, der entsprechend in

Outlook angezeigt wird. Dieser Name ist frei wählbar, beispielsweise Arbeit oder privat. Außerdem ist für verschiedene E-Mail-Anbieter die Einstellung unter dem Reiter „Postausgangsserver" sehr wichtig: Wenn Sie keine Mails versenden können, dann setzen Sie hier einen Haken bei „Der Postausgangsserver (SMTP) erfordert Authentifizierung".

Lässt sich ein Konto löschen?

Wenn Sie ein E-Mail-Konto nicht mehr benötigen, können Sie es auch löschen. Wechseln Sie zum Löschen eines Kontos in die Backstage-Ansicht und öffnen Sie die Kontoeinstellungen. Markieren Sie das zu löschende Konto mit dem Mauszeiger und klicken Sie anschließend auf „Entfernen" und bestätigen Sie den Löschvorgang. Schon ist das Konto entfernt.

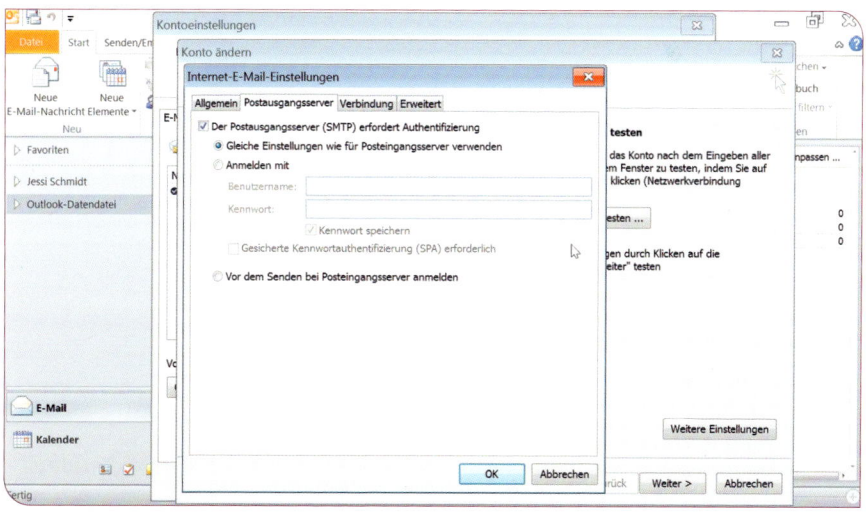

Wenn Sie keine Mails versenden können, kann es daran liegen, dass Sie hier keinen Haken gesetzt haben.

E-Mails empfangen

Wie rufe ich E-Mails ab?

E-Mails lassen sich manuell oder automatisch abrufen. Wechseln Sie einfach in das Menüband „Senden/Empfangen", um Mails manuell zu senden und zu empfangen. Klicken Sie auf die Schaltfläche „Alle Ordner senden/empfangen", um Mails aus dem Postausgang zu versenden und Ihr E-Mail-Konto gleichzeitig abzurufen. Praktischer ist es natürlich, wenn Outlook diesen Job selber übernimmt und Mails in einem bestimmten Zeitintervall abruft und als neue Mails meldet.

Sie können Outlook aber auch so einstellen, dass E-Mails automatisch in bestimmten Zeitintervallen abgerufen werden. Dafür müssen Sie zunächst in die Backstage-Ansicht wechseln. Klicken Sie hier auf „Optionen" und anschließend in der linken Auswahl auf „Erweitert". Um die E-Mail-Versand-Optionen anzupassen, müssen Sie in den Abschnitt „Senden und Empfangen" scrollen. Klicken Sie hier auf die gleichnamige Schaltfläche, um das Zeitintervall für die E-Mail-Übermittlung zu aktivieren und anzupassen. Aktivieren Sie diese Option bei Bedarf mit einem Haken und geben Sie in das Textfeld eine Zahl ein, die die Abfrageintervalle in Minuten angibt. Übernehmen Sie die Änderung mit einem Klick auf „Schließen".

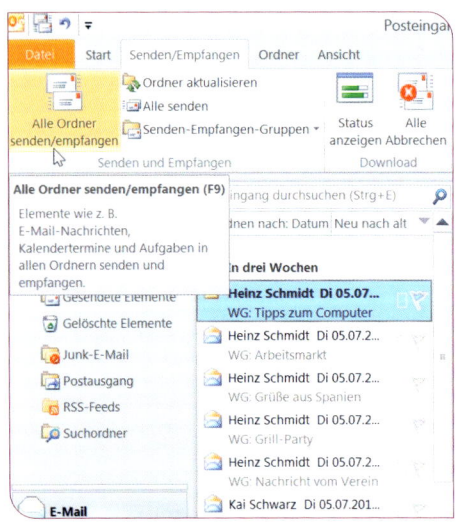

Rufen Sie E-Mails einfach mit einem Klick auf „Alle Ordner senden/empfangen" im Menüband „Senden/Empfangen" ab.

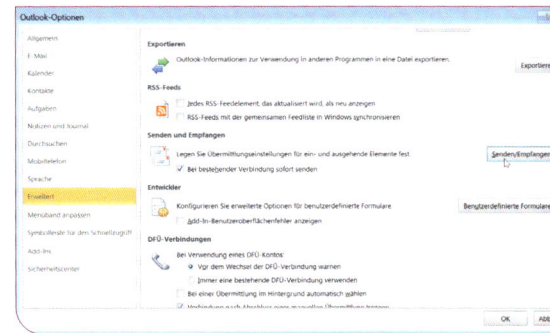

Öffnen Sie das Dialogfeld „Senden/ Empfangen", um das Abfrageintervall von E-Mails einzustellen.

Wie erstelle ich eine E-Mail?

Wenn Ihr E-Mail-Konto eingerichtet ist, können Sie E-Mails schreiben und empfangen und mit Freunden, Bekannten und Geschäftspartnern in aller Welt elektronische Post austauschen. Wechseln Sie in das Menüband „Start", um eine E-Mail zu schreiben und klicken Sie auf den Button „Neue E-Mail-Nachricht". Nun erscheint eine neue Registerkarte mit der Bezeichnung „Nachricht", darunter verschiedene Befehle und Eingabefelder.

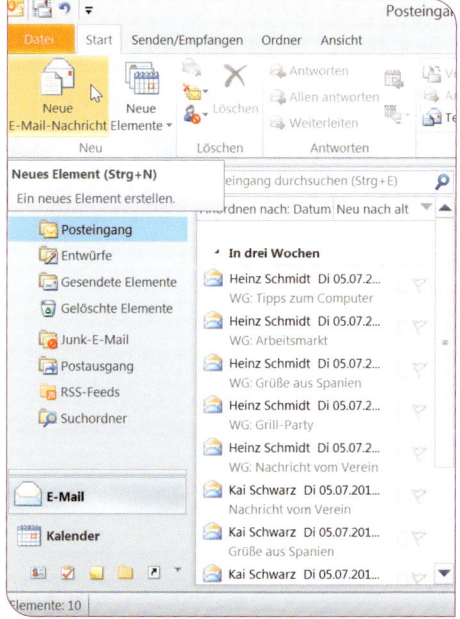

Klicken Sie auf diese Schaltfläche, um eine neue Nachricht zu erstellen.

Geben Sie zunächst neben „An" eine gültige E-Mail-Adresse ein. Wenn Sie bereits Kontakte in Outlook eingepflegt haben, können Sie die E-Mail-Adresse eines Kontakts auch über den Button „An" übernehmen. Wie Sie Kontakte erstellen, erklären wir ab S. 100. Wenn die E-Mail an weitere Empfänger gehen soll, fügen Sie einfach weitere E-Mail-Adressen ein und trennen Sie diese durch ein Semikolon. Außerdem können Sie unter „CC" weitere Adressen einfügen, wenn Sie jemandem eine Kopie der Mail schicken möchten. Des Weiteren gibt es noch ein verstecktes Adressfeld mit dem Kürzel BCC (engl. „Blind Carbon Copy"). Hier können Sie Adressen reinschreiben, die von anderen Empfängern nicht gesehen werden sollen. Klicken Sie einfach auf „An" oder „CC". Im folgenden Dialogfenster finden Sie auch das Feld „BCC", in das Sie einen Kontakt übernehmen oder eine Adresse eintippen können.

Als Nächstes sollten Sie die Betreffzeile füllen. Klicken Sie mit dem Mauszeiger in das Textfeld und geben Sie einen aussagekräftigen Betreff ein. So erkennt der Empfänger schnell, welcher Inhalt ihn erwartet. Wechseln Sie nun in das große Textfeld, um eine Nachricht zu schreiben. Im Menüband „Nachricht" bzw. „Text formatieren" finden Sie ähnliche Schaltflächen wie in Word, mit denen Sie den Text unter anderem in Art, Form und Farbe anpassen können.

Datenversand

Kann ich Daten versenden?

Neben reinen Textnachrichten können Sie mit einer E-Mail auch Daten wie z. B. Bilder und Word-Dokumente oder Präsentationen verschicken. Um solche Daten mit Ihrer E-Mail zu verknüpfen, gibt es verschiedene Wege. Der wohl einfachste Weg ist: Sie suchen die entsprechende Datei auf Ihrem Rechner, erfassen Sie mit der Maus (linke Maustaste gedrückt halten) und schieben sie per Drag and Drop einfach in das offene E-Mail-Fenster. Alternativ finden Sie im Menüband „Datei" im Bereich „Einschließen" die Schaltfläche „Datei anfügen", die Sie in ein Dialogfenster führt. Hier können Sie über eine Verzeichnisstruktur Ihre Datei auf dem Rechner suchen. Neben einzelnen

Fügen Sie E-Mail-Anhänge einfach per Drag and Drop oder über diesen Button in die E-Mail ein.

Dateien können Sie natürlich auch mehrere markieren und an die Mail hängen. Aber Vorsicht: Achten Sie darauf, dass der Dateianhang nicht zu groß wird, denn viele E-Mail-Konten sind auf ein bestimmtes Datenvolumen pro Mail limitiert. Es kann also sein, dass Sie zu große Mails nicht versenden können oder der Empfänger die Mail nicht empfangen kann. Die genauen Infos dazu erhalten Sie von Ihrem E-Mail-Provider.

Wie verschicke ich eine E-Mail?

Wenn Sie eine E-Mail fertig geschrieben haben, klicken Sie auf den „Senden"-Button und schon geht die elektronische Post auf Reisen. Je nachdem, wie schnell Ihre Internetverbindung bzw. wie groß der Anhang in Ihrer E-Mail ist, kann der Versand schnell oder langsam über die Bühne gehen.

Wie antworte ich auf eine E-Mail?

Auf eine E-Mail zu antworten ist sehr einfach. Es gibt verschiedene Wege und Sie können sich den aussuchen, der Ihnen am besten gefällt. Befinden Sie sich z. B. in der Registerkarte

„Start" und ist in der linken Spalte der „Posteingang" ausgewählt, dann markieren Sie zunächst die zu beantwortende E-Mail. Anschließend klicken Sie einfach auf den Button „Antworten" im Menüband „Start". Alternativ können Sie auch das Kontextmenü (rechte Maustaste) der E-Mail aufrufen und den Eintrag „Antworten" anklicken. Eine dritte Möglichkeit ergibt sich, wenn Sie eine E-Mail mit einem Doppelklick geöffnet haben. Nun erscheint das Menüband „Nachricht", in dem ebenfalls ein Button „Antworten" zu finden ist. Klicken Sie einfach auf „Antworten", um eine Antwort-E-Mail zu öffnen.

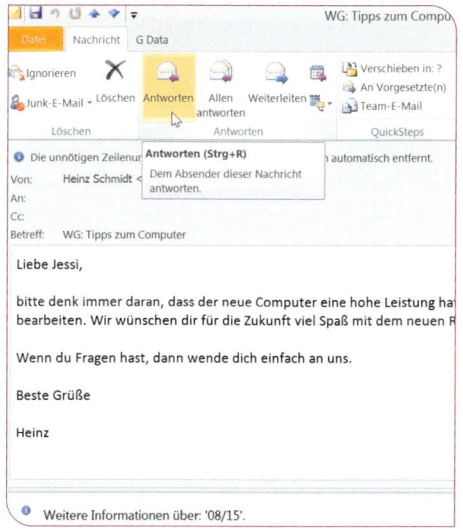

Klicken Sie einfach auf „Antworten", um eine E-Mail zu beantworten.

Muss die Adresse erneut eingetragen werden?

Wenn Sie eine E-Mail beantworten, müssen Sie die Ziel-Adresse nicht erneut eingeben. Outlook übernimmt die E-Mail-Adresse des Versenders und die Betreffzeile automatisch. Allerdings fügt Outlook der Betreffzeile (je nach Einstellung) z. B. ein „AW" an. Dies signalisiert dem Empfänger, dass es sich bei dieser Mail um eine Antwort-Mail handelt. Schreiben Sie nun einfach wie gewohnt in das Textfeld eine Nachricht. Natürlich können Sie auch einer Antwort-Mail Anhänge oder weitere Empfänger wie gewohnt hinzufügen.

Haben Sie die Antwort fertig, dann klicken Sie auf den Button „Senden", um die E-Mail zu verschicken.

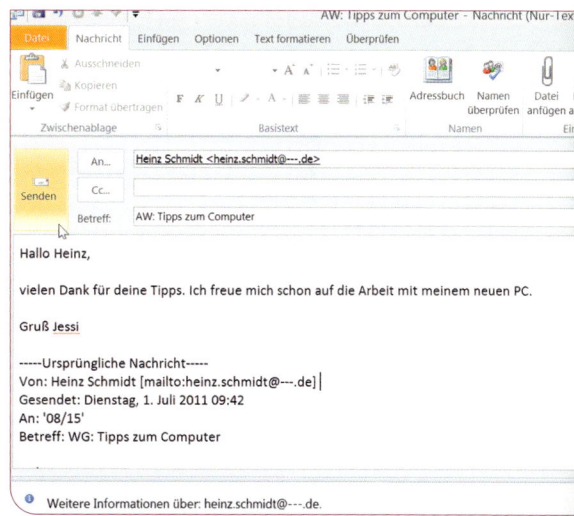

Eine Antwort-E-Mail ist in der Betreffzeile beispielsweise mit einem „AW" gekennzeichnet.

Die Kontakt-Verwaltung

Neben der E-Mail-Verwaltung bietet Outlook 2010 noch eine umfangreiche und sehr praktische Kontakt-Verwaltung. Hier können Sie neben Namen, Telefonnummern und Adressen Kontakte auch mit Bildern, Firmen und Positionen versehen. Wechseln Sie, um einen Kontakt zu bearbeiten oder zu erstellen, im Navigationsbereich zu „Kontakte".

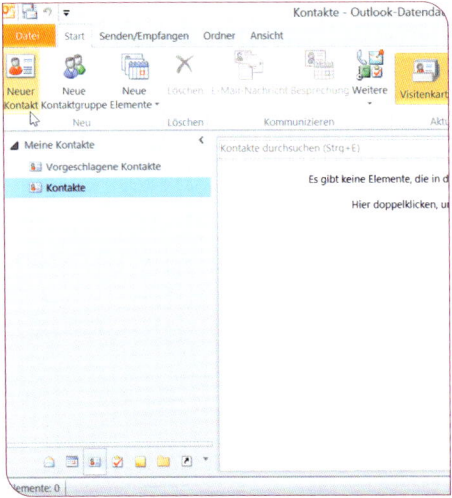

Wenn Sie über den Navigationsbereich zu „Kontakte" gewechselt sind, können Sie über die Schaltfläche „Neuer Kontakt" einen neuen Kontakt erstellen und bearbeiten.

Wie erstelle ich einen neuen Kontakt?

Sind im Navigationsbereich die „Kontakte" ausgewählt und ist das Menüband „Start" aktiv, müssen Sie nur noch auf die Schaltfläche „Neuer Kontakt" klicken, um Outlook um einen neuen Kontakt zu erweitern. Im folgenden Dialogfeld können Sie in verschiedenen Textfeldern Namen, Firma, Position, E-Mail-Adresse, Telefonnummer und viele weitere Informationen zu einer Person eintragen. Außerdem können Sie einen Kontakt mit einem Bild verknüpfen. Klicken Sie dafür einfach auf das Bildsymbol neben dem Namen und wählen Sie ein Bild über ein Verzeichnisfenster aus.

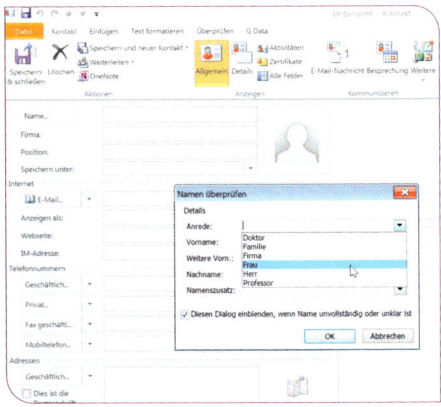

Geben Sie die Daten Ihres Kontakts in die entsprechenden Felder ein.

Haben Sie alle relevanten Daten in das Kontaktformular eingegeben, klicken Sie im Menüband „Kontakt" auf „Speichern & schließen", um Ihre Eingaben abzulegen. Nun sollte der neue Kontakt in der Adressverwaltung erscheinen.

Wollen Sie diesen erneut bearbeiten, dann fahren Sie auf den Eintrag und führen Sie einen Doppelklick aus, um das Eingabeformular zu öffnen.

Wie sende ich eine E-Mail an einen Kontakt?

Sind im Navigationsbereich die Kontakte geöffnet, können Sie einfach einen auswählen und im Menüband „Start" auf die Schaltfläche „E-Mail-Nachricht" klicken. Schon öffnet sich ein neues E-Mail-Formular, in dem bereits die E-Mail-Adresse des ausgewählten Kontakts steht. Bearbeiten Sie das

E-Mail-Blatt nun wie gewohnt und versenden Sie es mit einem Klick auf den Button „Senden". Sie können aber auch in der E-Mail-Navigation über die Schaltfläche „Neue E-Mail-Nachricht" ein Mail-Formular öffnen. Im Adressfeld finden Sie die Schalter „An" und „CC". Klicken Sie auf einen der Buttons, um Ihre Kontaktliste aufzurufen. Mit dem Mauszeiger können Sie nun ein oder mehrere Kontakte mit einem Doppelklick übernehmen.

Neben der eleganten Visitenkarten-Ansicht können Sie auch Telefonlisten, Karten und andere Ansichten für Ihre Kontaktdaten bestimmen. Wechseln Sie, um die Ansicht zu verändern, in das Menüband „Ansicht". Hier stehen Ihnen unter der Schaltfläche „Ansicht ändern" verschiedene Optionen zur Verfügung. Klicken Sie sich durch die Möglichkeiten, um die für Sie beste Ansicht zu finden.

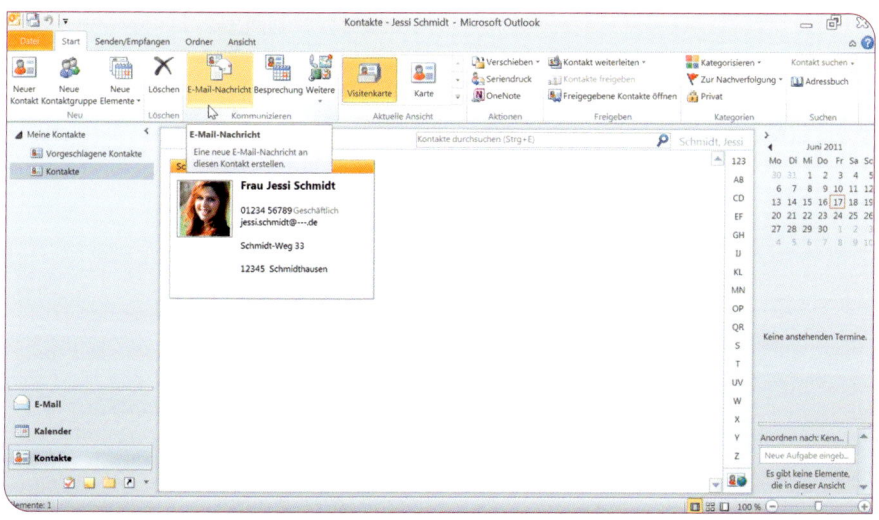

Wählen Sie einfach einen Kontakt aus und klicken Sie auf „E-Mail-Nachricht",
um eine neue E-Mail an einen Kontakt zu erstellen.

Der Kalender

Outlook bringt einen komfortablen Kalender mit, der Sie bei der Terminplanung unterstützen kann, seien es einzelne Termine oder Termine, die sich in regelmäßigen Abständen wiederholen. Der Terminkalender von Outlook bietet viele Funktionen.

Wie trage ich Termine in den Kalender ein?

Öffnen Sie zunächst im Navigationsbereich den Kalender. Hier finden Sie im Menüband „Start" verschiedene Kalenderoptionen. Beispielsweise können Sie im Bereich „Neu" Termine, Besprechungen und Elemente hinzufügen. Um z. B. einen Termin im Outlook-Kalender zu hinterlegen, klicken Sie im Menüband einfach auf „Neuer Termin".

Geben Sie zunächst einen Betreff ein, z. B. „Grillfest bei Franz und Nicole". Bei Bedarf können Sie Ihrem Termin in der nächsten Zeile noch einen Ort hinzufügen. Dann legen Sie das Datum und die Zeit fest. Dafür bietet Outlook zwei Möglichkeiten: Entweder Sie geben den Wert in das entsprechende Textfeld ein – oder Sie wählen den passenden Wert aus einem Pull-down-Menü aus.

Kann ich Terminserien speichern?

Nicht jeder Termin ist einzigartig – das weiß auch Outlook. Darum bietet die Software die Möglichkeit an, dass sich Termine nach einem bestimmten Zeitintervall wiederholen. Legen Sie dafür einfach einen Termin wie gewohnt an und klicken Sie im Menüband „Termin" im Bereich „Optionen" auf die Schaltfläche „Serientyp". Im folgenden Dialogfeld können Sie die Terminserie definieren, z. B. den Beginn, das Ende und die Dauer. Das ist noch nichts Neues. Sie können hier aber auch ein

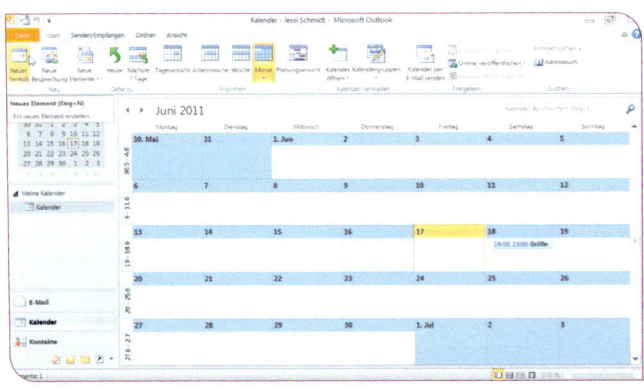

Der Terminkalender von Outlook lässt sich mit einem Mausklick um einen neuen Termin erweitern.

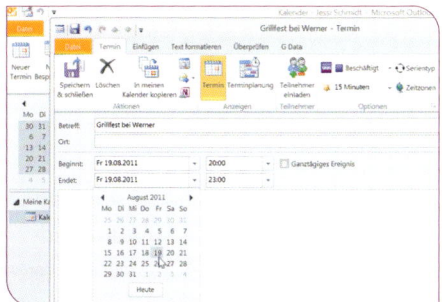

Mit einem Pull-down-Menü können Sie Datum und Zeit festlegen.

Serienmuster festlegen, z. B. ob sich der Termin täglich, wöchentlich, monatlich oder jährlich wiederholt. Aktivieren Sie einfach das Kontrollkästchen neben dem entsprechenden Eintrag.

Definieren Sie nun noch die Seriendauer. Hier stehen unter anderem Optionen wie „Kein Enddatum" oder „endet nach X Terminen" zur Verfügung. Haben Sie alle Einstellungen gesetzt, übernehmen Sie die Änderungen mit einem Klick auf die OK-Taste.

Der Kalender von Outlook 2010 bietet verschiedene Ansichten, die Sie im Menüband „Start" im Bereich „Anordnen" verändern können. Hier stehen neben einer „Tagesansicht" Ansichten wie „Arbeitswoche", „Woche" und „Monat" bereit.

Tipp: Mit der passenden Software, die von vielen Handy-Herstellern mitgeliefert wird, können Sie Kontaktdaten, Termine und mehr mit Ihrem Handy synchronisieren. So haben Sie unterwegs immer alle wichtigen Daten dabei.

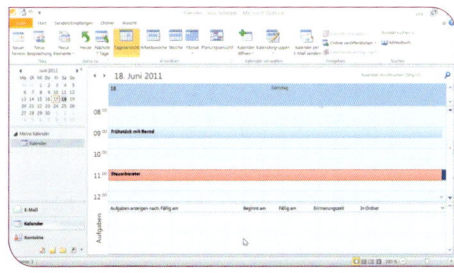

Tagesansicht

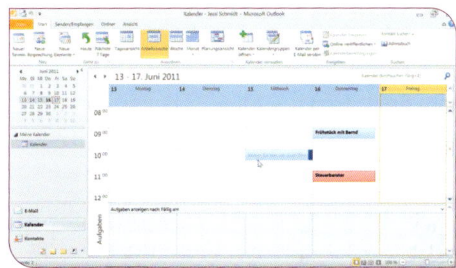

Arbeitswoche

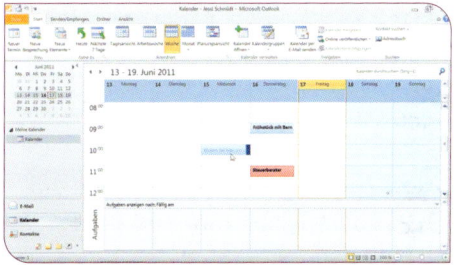

Woche

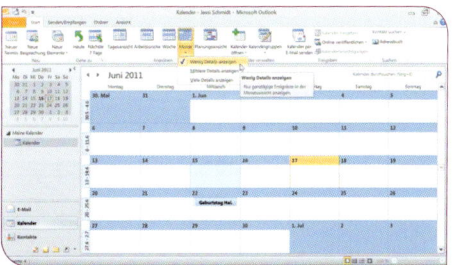

Monat

Aufgaben und Notizen

Wie lassen sich Aufgaben organisieren?

Weitere Features von Outlook 2010 sind die „Aufgaben" und die „Notizen", die Sie beide im Navigationsbereich finden.

Mit dem Tool „Aufgaben" können Sie Aufgaben definieren, organisieren und Prioritäten setzten. So fällt es leichter, Aufgaben reibungslos abzuwickeln und den Status von Aufgaben immer im Auge zu behalten.

Wechseln Sie zunächst in der Navigationsleiste zu den „Aufgaben". Legen Sie in der Registerkarte „Start" eine neue Aufgabe an, indem Sie den Schalter „Neue Aufgabe" im Menüband „Start" anklicken. Geben Sie der neuen Aufgabe einen aussagekräftigen Betreff, damit Sie gleich wissen, um was es geht. Bei Bedarf können Sie der Aufgabe noch ein Datum für „Beginnt am:" und „Fällig am:" über ein Pull-down-Menü unter der Betreffzeile zuweisen. Außerdem sollten Sie den „Status" festlegen. Hierfür steht ebenfalls ein Pull-down-Menü zur Verfügung, das die Einträge „Nicht begonnen", „Erledigt", „Wartet auf jemand anderen" und „Zurückgestellt" anbietet. Des Weiteren können Sie Parameter wie „Priorität", „% erledigt" oder eine „Erinnerung" festlegen. Im großen Textfeld kann die Aufgabe dann genau beschrieben werden. Die neue Aufgabe finden Sie nach dem Speichern in der Aufgabenleiste, sodass Sie diese nicht mehr vergessen sollten.

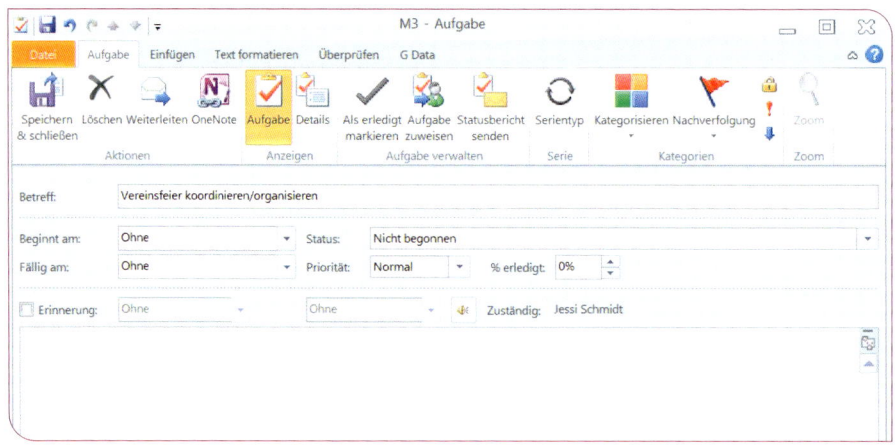

Wenn Sie in der Registerkarte „Start" auf die Schaltfläche „Neue Aufgabe" geklickt haben, öffnet sich dieses Fenster, in dem Sie eine Aufgabe definieren können.

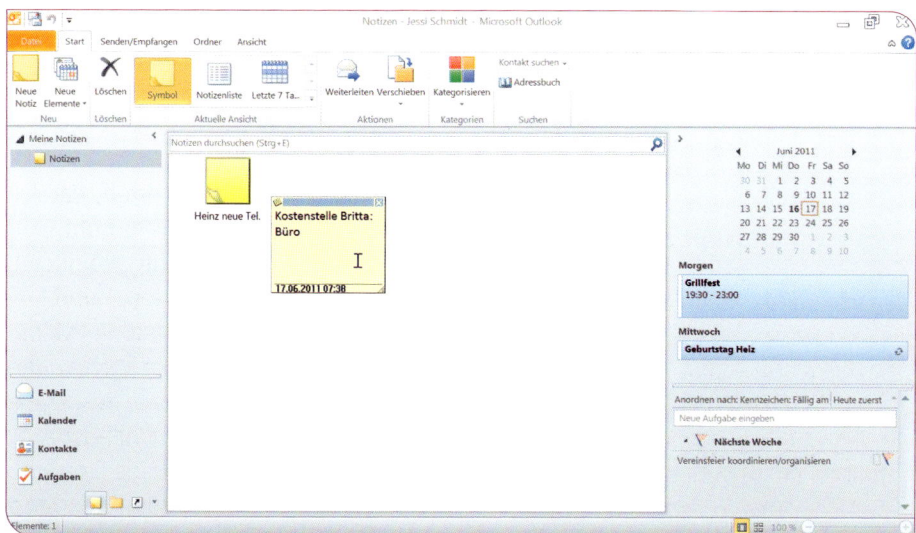

Lassen sich kleine
Notizen speichern?

Bei der Büroarbeit gehören kleine Notizzettel zum alltäglichen Geschäft, um mal schnell eine Information abzuspeichern. Wer auf die Papierzettel verzichten möchte und Notizen lieber im Computer speichert, der findet in Outlook mit „Notizen" das passende Werkzeug dafür in der Navigationsleiste. Wählen Sie „Notizen" aus und klicken Sie auf die Schaltfläche „Neue Notiz", um eine neue Notiz anzulegen.

Schreiben Sie nach dem Öffnen einfach ein paar Notizen auf den virtuellen Zettel und schließen Sie das kleine Eingabefenster, indem Sie auf das „X" am rechten oberen Rand klicken. Die Notizen können in verschiedenen Ansichten abgelegt werden (Symbol, Notizliste, letzte 7 Tage) und lassen sich mit einem Doppelklick öffnen und bearbeiten.

Das Notiz-Werkzeug von Outlook ist kleinen Klebezetteln nachempfunden.

Außerdem können Sie den Notizzetteln farbige Kategorien zuweisen. Markieren Sie dafür eine Notiz mit dem Mauszeiger und wählen Sie in der Menüleiste „Start" im Bereich „Kategorien" eine Farbe mit einem Klick aus. So können Sie beispielsweise Notizen, die Sie für das Büro gemacht haben, blau einfärben und private Zettel grün.

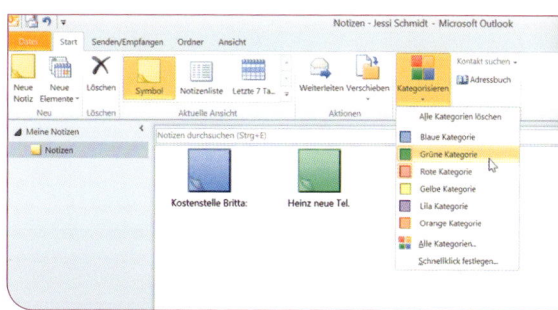

Färben Sie Notizen ein, um sie einer Kategorie zuzuordnen.

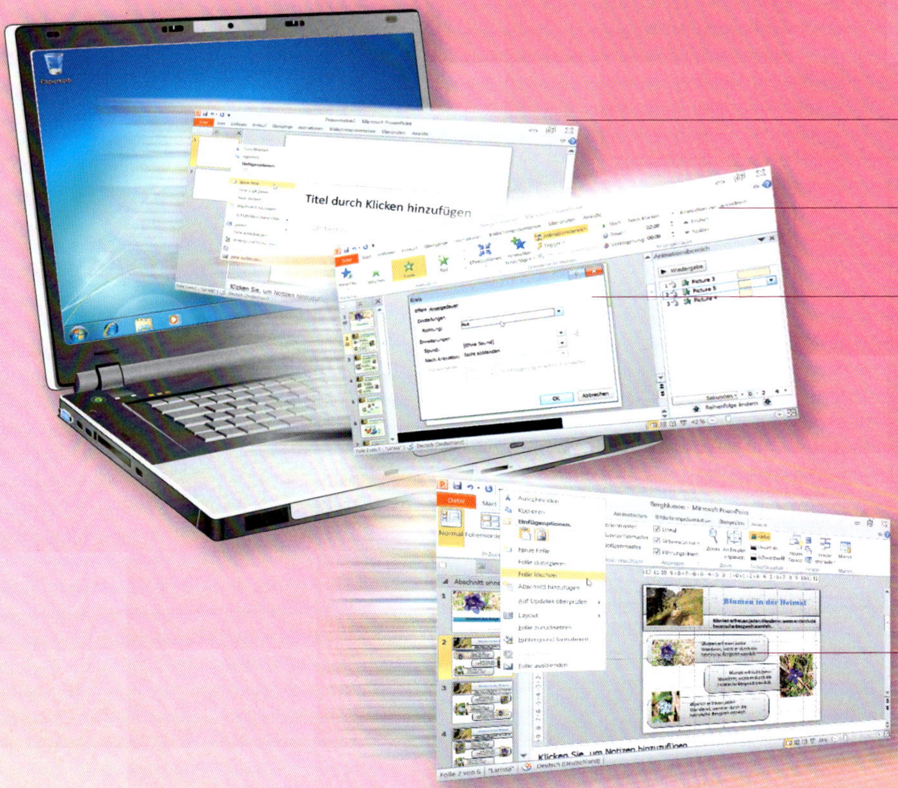
Titel durch Klicken hinzufügen
Klicken Sie, um Notizen hinzuzufügen
Blumen in der Heimat

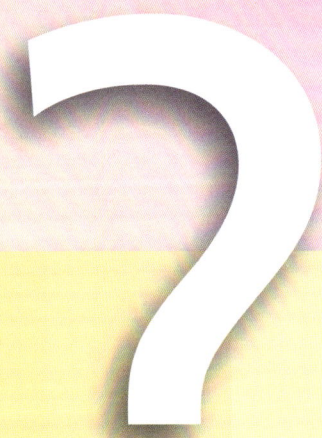

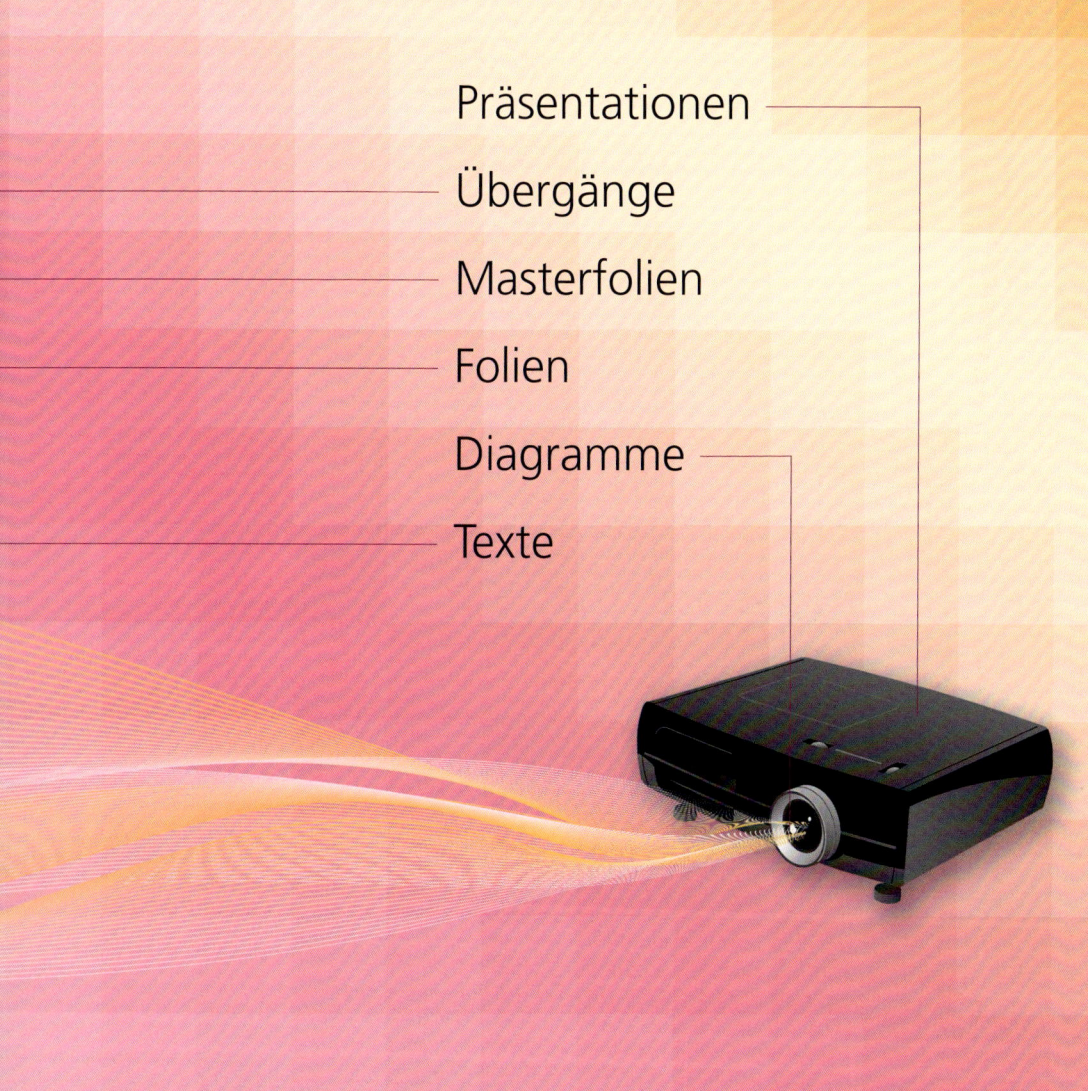

Präsentationen

Übergänge

Masterfolien

Folien

Diagramme

Texte

PowerPoint 2010

Präsentationen erstellen mit PowerPoint 2010

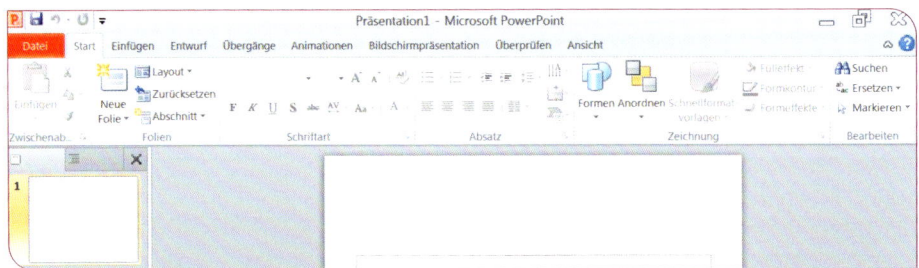

PowerPoint zeigt sich in der für Office-2010-Module üblichen Erscheinungsweise mit Menüband und verschiedenen Info- bzw. Bearbeitungsspalten.

PowerPoint 2010 ist eine umfangreiche Präsentationssoftware, die häufig zum Einsatz kommt, wenn Ideen und Wissenswertes einem Publikum präsentiert werden sollen. Denn PowerPoint arbeitet mit einzelnen Folien, die z. B. mit einem Projektor in Großformat und Vollbild auf einer Leinwand präsentiert werden können. Somit sind PowerPoint-Präsentationen vor allem im beruflichen und schulischen Umfeld zu finden. Aber auch für private Belange kann dieses leistungsstarke Präsentationsmodul genutzt werden. Die grundlegenden Funktionen von PowerPoint 2010 lernen Sie auf den nächsten Seiten kennen, z. B. wie man Folien, Bilder, Grafiken und Texte, die Hauptelemente einer PowerPoint-Präsentation, in ein Projekt einfügt, und vieles mehr.

Das Programmfenster im Überblick:

Im oberen Fensterbereich finden Sie unter anderem die Menüleiste: Links wurde eine Spalte mit einer Folienansicht platziert. Hier finden Sie alle Folien im Überblick, die in Ihrer Präsentation enthalten sind. Neben der Folienansicht steht hier auch eine Gliederungsansicht zur Auswahl. Klicken Sie einfach auf die Schaltfläche, um in die Gliederung zu wechseln.

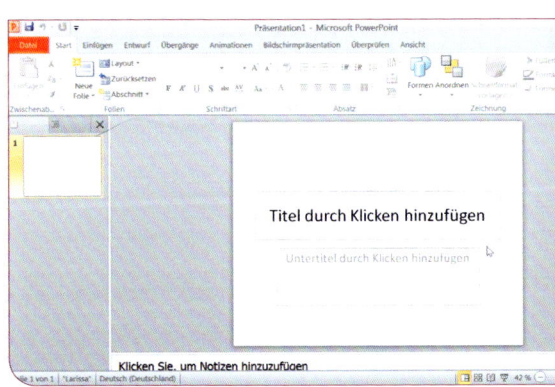

Das große Feld beherbergt den Bearbeitungsbereich der Folie. Hier werden Texte eingegeben, Grafiken platziert und Fotos eingebunden.

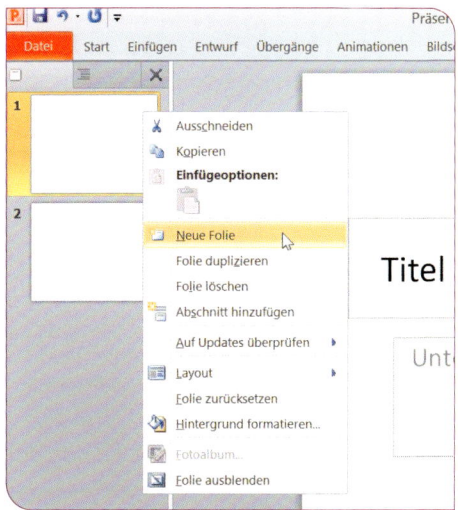

In diesem Bereich können Sie unter anderem über das Kontextmenü Folien hinzufügen, löschen oder duplizieren.

Was mache ich als Erstes?

PowerPoint startet mit einem leeren Dokument, das Sie beliebig bearbeiten können. Alternativ bringt die Präsentationssoftware auch verschiedene Vorlagen mit, die Sie in der Backstage-Ansicht unter „Neu" finden. Haben Sie sich für eine Variante entschieden, und diese mit

dem Mauszeiger markiert, klicken Sie auf die Schaltfläche „Erstellen" (rechts unter der Vorschau), um die Vorlage zu übernehmen und zu bearbeiten.

Wie gehe ich vor?

Auf dem neuen Dokument sehen Sie verschiedene Text-Rahmen. Um ein Objekt zu bearbeiten, müssen Sie es anklicken. Bei einem Textrahmen blinkt dann der Cursor und Sie können über die Tastatur Texte und Zahlen eingeben. Um jeden Rahmen erscheinen, wie Sie es aus Word schon kennen, sogenannte Anfasser, mit denen Sie den Rahmen vergrößern oder verkleinern, strecken oder stauchen, aber auch drehen können. Ergreifen Sie einfach einen der Anfasser (linke Maustaste gedrückt halten) und verschieben Sie diesen. Sie können auch den ganzen Rahmen verschieben. Fahren Sie mit dem Mauszeiger über den Rand bzw. das Feld. Wenn sich der Mauszeiger in ein Kreuz aus zwei Doppelpfeilen verwandelt, drücken und halten Sie die linke Maustaste und verschieben Sie den Rahmen beliebig.

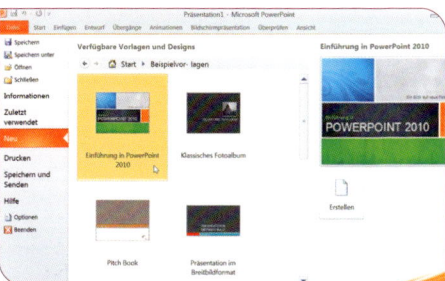

Neben leeren Dokumenten bringt PowerPoint viele inspirierende Vorlagen mit, die Sie nach Ihren Vorstellungen verändern können.

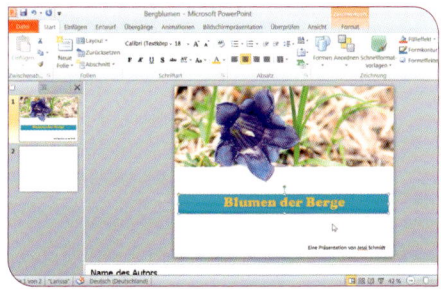

Die Größe von Rahmen und grafischen Elementen kann unter anderem mit sogenannten Anfassern angepasst werden.

Ansichten einer Präsentation

Neben dem Aufbau des Programms PowerPoint 2010 sollten Sie jetzt noch etwas über die Ansichten erfahren, bevor Sie beginnen, die erste Präsentation zu erstellen. Denn verschiedene Ansichten helfen, die entstehende Präsentation aus verschiedenen „Blickwinkeln" zu sehen und zu beurteilen.

Wo lässt sich die Ansicht verändern?

Die Ansicht einer PowerPoint-Präsentation können Sie zum einen im Menüband „Ansicht" im Bereich „Präsentationsansichten" anpassen oder an der unteren Fensterleiste über kleine Symbole für die Ansichten „Normal", „Foliensortierung", „Notizenseite",

„Leseansicht" oder „Bildschirmpräsentation". Klicken Sie einfach auf ein Symbol, um die Ansicht zu verändern.

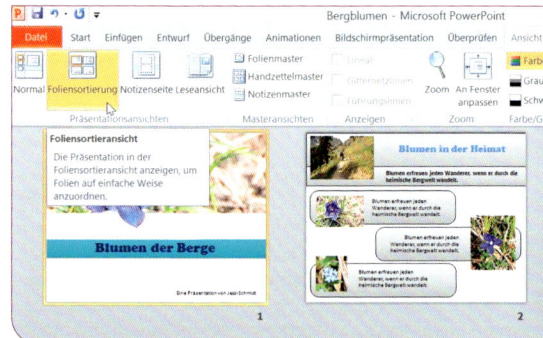

Die „Foliensortierung" verschafft Ihnen einen guten Überblick über die im Projekt enthaltenen Folien. Hier können Sie unter anderem die Folien praktisch per Drag and Drop verschieben und umsortieren.

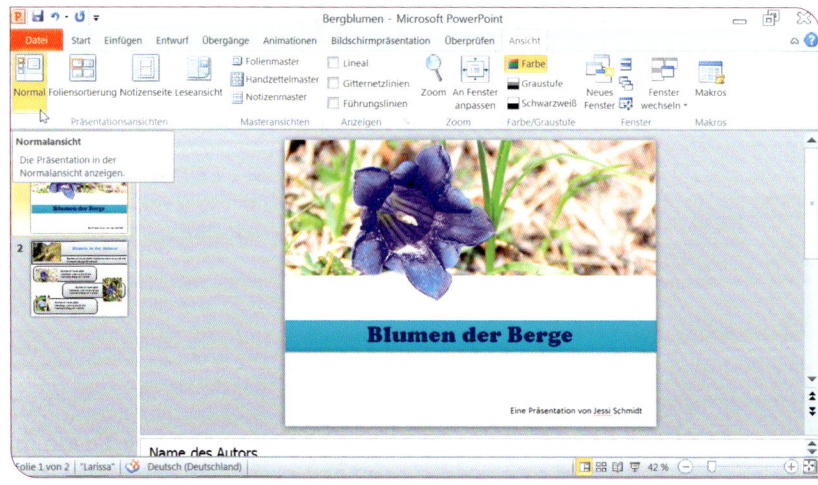

In der „Normalansicht" sind die Menübänder und andere Navigationsleisten sichtbar.

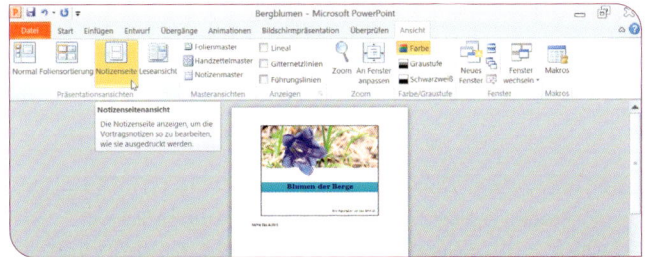

Wenn Sie die Ansicht „Notizenseite" aufrufen, wird die Präsentation in einer Druckvorschau gezeigt. Hier können Sie z. B. die komplette Folie für den Ausdruck verschieben.

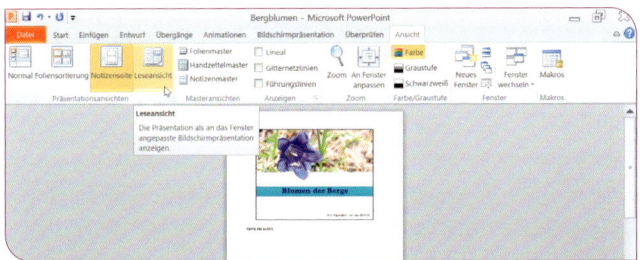

Wechseln Sie in die „Leseansicht", um die Folien zu kontrollieren.

Die Folie erscheint in der „Leseansicht" groß auf dem Bildschirm. Auf der unteren Leiste werden einige Steuerelemente angezeigt.

Des Weiteren gibt es noch die Ansicht „Bildschirmpräsentation", die die komplette Folie ohne sichtbare Steuerelemente auf dem Bildschirm anzeigt. Diese Ansicht wird in der Regel auch für die Präsentation gewählt. Tipp: Drücken Sie einfach die Esc-Taste, um die „Bildschirmpräsentation" zu verlassen.

Folien hinzufügen

Wie erweitere ich die Präsentation?

Wie Sie in der Navigationsleiste eine Präsentation um weitere Folien ergänzen, wissen Sie bereits. Es gibt aber noch weitere Möglichkeiten, z. B. im Menüband „Start" im Bereich „Folien". Der Vorteil hier: Sie können die Folie gleich mit einem groben Layout auswählen. Außerdem können Sie einer bestehenden Folie ein Layout über die gleichnamige Schaltfläche zuweisen. Wählen Sie einfach eine Vorlage mit dem Mauszeiger, die umgehend in die aktuelle Folie übertragen wird.

Wie lösche ich eine Folie?

Sie können Ihre Präsentation nicht nur um Folien erweitern, sondern auch Folien löschen. Markieren Sie dafür z. B. im Navigationsbereich eine Folie und öffnen Sie das Kontextmenü. Hier klicken Sie einfach auf den Eintrag „Folie löschen", um die Auswahl zu entfernen. Alternativ können Sie eine markierte Folie auch durch Drücken der Entf-Taste (Entf = entfernen) aus Ihrem Projekt streichen.

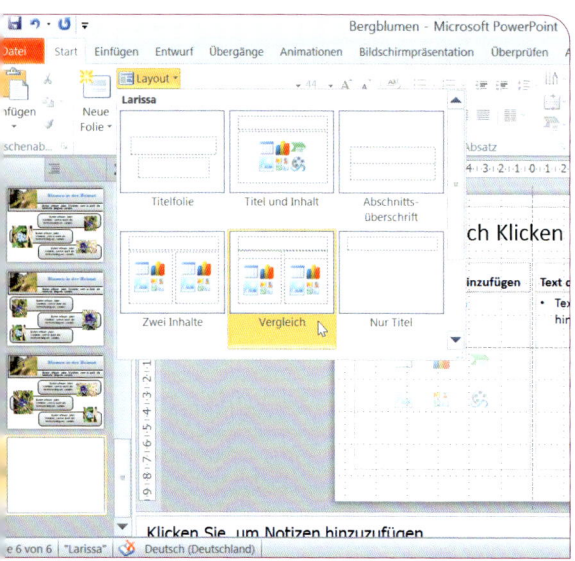

Über dieses Auswahlfenster können Sie einer Folie einen Layoutentwurf zuweisen.

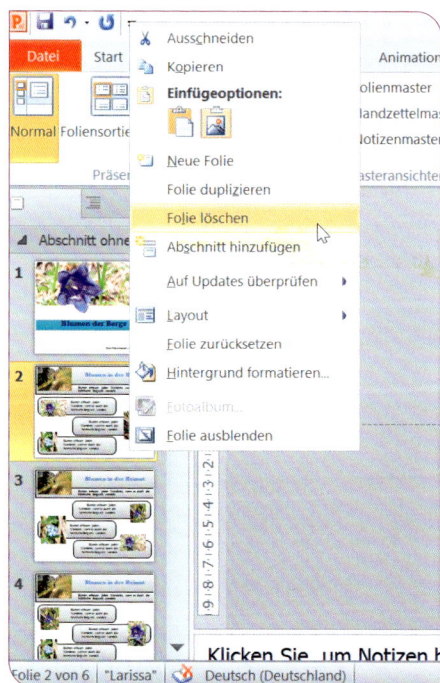

Löschen Sie markierte Folien einfach im Kontextmenü.

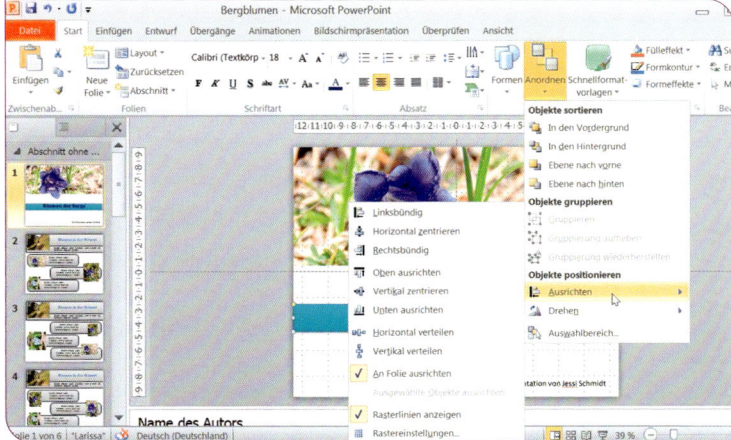

Mit Hilfslinien, Lineal oder den Ausrichteoptionen in der Registerkarte „Start/Anordnen" können Sie Elemente komfortabel platzieren.

Welche Hilfsmittel gibt es?

Eine optisch ansprechende Präsentation zeichnet sich durch symmetrisch angeordnete Elemente aus. Wer hier mit dem bloßen Auge die Textfelder und Grafiken ausrichtet, tut sich schwer. Einfacher geht es mit Lineal, Gitternetzlinien und Führungslinien, die man im Menüband „Ansicht" aktivieren und einrichten kann.

Lassen sich Hilfslinien anpassen?

Wenn Sie im Menüband „Ansicht" im Bereich „Anzeigen" das Dialogfeld „Raster und Linien" öffnen, können Sie verschiedene Optionen für diesen Bereich einrichten und z.B. Funktionen wie „Objekt am Raster ausrichten" oder „Objekte an anderen Objekten ausrichten" aktivieren. So lassen sich die einzelnen Objekte beim Verschieben viel einfacher auf einer Line ausrichten.

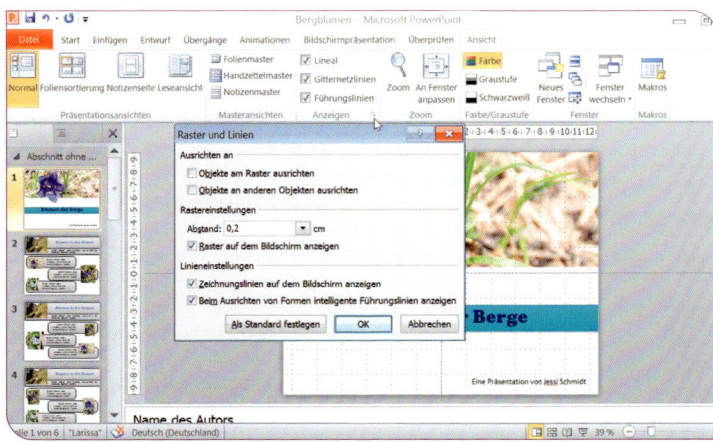

Hilfsmittel, wie z.B. Raster und Linien, können Sie anpassen.

Textfelder einbinden

Wenn Sie eine leere Präsentation geöffnet haben, besteht diese aus einer Folie, auf der zwei Textfelder platziert sind. Wollen Sie einen Text schreiben, klicken Sie einfach in eines der Felder und tippen Sie los. Reichen die vorhandenen Textfelder nicht aus, können Sie ein weiteres einfügen.

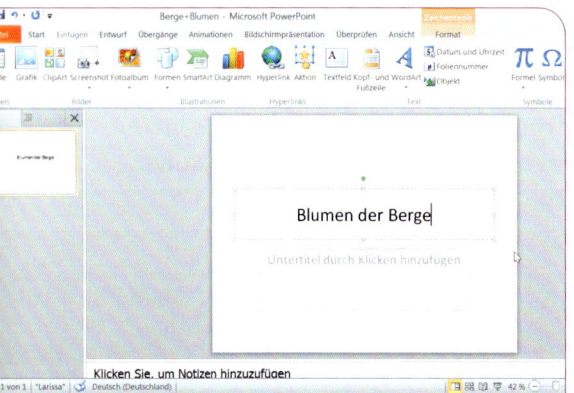

Eine leere Präsentation ist nicht ganz leer, sondern sie bringt zwei Textfelder mit, in die Sie sofort schreiben können.

Woher kommt das Textfeld?

Reichen die zwei vorhandenen Textfelder nicht aus, können Sie im Menüband „Einfügen" im Bereich „Text" ein weiteres Feld hinzufügen. Klicken Sie auf die Schaltfläche „Textfeld", dann färbt es sich ein. Fahren Sie mit dem

Mauszeiger über die Folie. Drücken Sie auf die linke Maustaste, der Zeiger verwandelt sich in ein Kreuz und ziehen Sie damit einen Rahmen auf. Lassen Sie die Maustaste anschließend los und auf der Folie befindet sich ein neues Textfeld, das Sie bearbeiten, verschieben oder wieder löschen können. Zum Löschen klicken Sie auf den Rahmen und betätigen die Entf-Taste. Schon ist das Textfeld verschwunden.

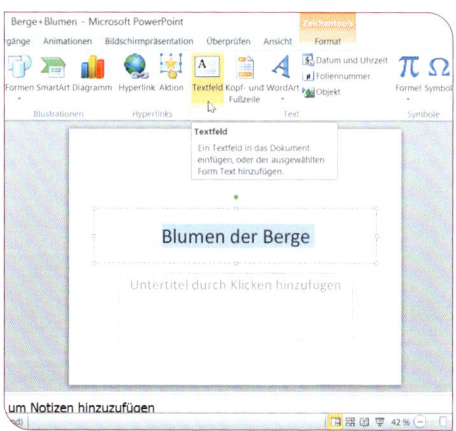

Fügen Sie neue Textfelder in Ihre Folie.

Lässt sich das Textfeld layouten?

Das Aussehen des Textes können Sie nun im Menüband „Start" wie aus Word gewohnt in Art, Größe und mehr anpassen. Zusätzlich finden Sie, wenn ein Textfeld markiert ist, das Menüband „Zeichentools/Format" bei den Registerkarten. Hier können Sie einen Text, aber auch den Textrahmen mit vielen Effekten aufpeppen. Im Bereich „Formenarten" stehen z. B. Werkzeuge wie Fülleffekt, eine Formatkorrektur und verschiedene Vorlagen für den kreativen Einsatz bereit.

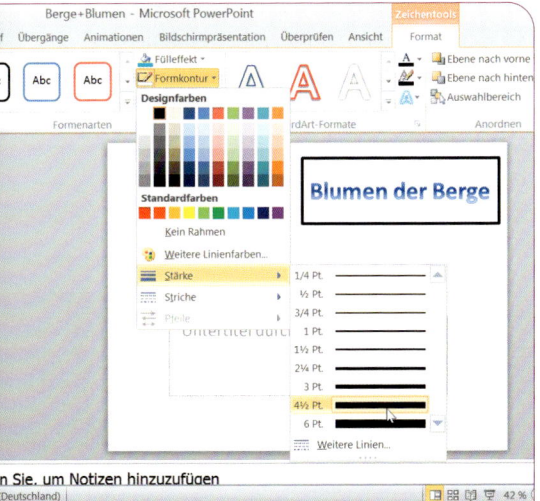

Mit den Zeichentools können Sie Textfelder mit tollen Effekten versehen.

Wie passe ich den Text an?

Ähnlich wie in Word können Sie auch in PowerPoint Texte optisch anpassen, z. B. mit Schriftart und Größe, aber auch mit verschiedenen Effekten. Im Menüband „Zeichentools/Format" finden Sie z. B. im Bereich „WordArt-Formate" Effekte, die Sie mit einem Klick auf ein Textfeld oder einen markierten Textbereich übertragen können.

Wenn Sie ins Menüband „Start" wechseln, finden Sie im Bereich „Schriftart" die klassischen Formatierungswerkzeuge für Schriften. Beispielsweise Formatierungsanweisungen wie „fett", „kursiv" oder „unterstrichen".

Außerdem können Sie Ihre Texte in tolle Spezial- und 3D-Effekte tauchen. Das entsprechende Tool finden Sie im Zeichentool-Menüband im Bereich „WordArt-Formate".

Zudem besteht im Menübandbereich „Formenarten" unter „Formeffekte" unter anderem die Möglichkeit, Texte mit Schatten zu hinterlegen. Durch Schatten und andere Effekte können Sie z.B. Texte optisch vom Hintergrund abheben.

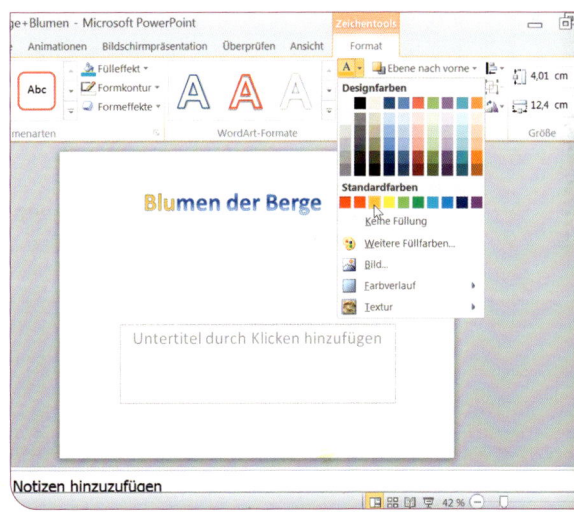

Passen Sie das Layout von Texten im Menüband „Zeichentools" an.

Elemente einfügen

Wie lassen sich Bilder einfügen?

PowerPoint ist nicht nur für die Präsentation von Textfeldern geeignet. Bilder, Grafiken und andere Multimediaelemente können in die Folien eingebunden werden. Natürlich gibt es in PowerPoint ein eigenes Menüband, das für den Import von allerlei Dingen die passenden Werkzeuge mitbringt. Wollen Sie z. B. ein Bild in Ihre Präsentation einfügen, wechseln Sie zum Menüband „Einfügen". Wählen Sie im Bereich „Bilder" den Button „Grafik" und suchen Sie im Verzeichnisfenster nach dem gewünschten Bild.

Alternativ können Sie Fotos aber auch per Drag and Drop einfügen. Ziehen Sie das Bild einfach aus dem Datei-Explorer auf die gewünschte Folie. Das Foto können Sie dann mit dem Mauszeiger erfassen und verschieben. Dafür fahren Sie mit dem Mauszeiger über das Bild und der Mauszeiger verwandelt sich zu einem Kreuz mit zwei Doppelpfeilen. Halten Sie die linke Maustaste gedrückt und verschieben Sie das Foto beliebig. Alternativ können Sie ein markiertes Element aber auch mit den Pfeiltasten auf der Folie verschieben. Die Größe können Sie wie gewohnt über die Anfasser anpassen. Außerdem lässt sich die Aufnahme, wie jeder andere Rahmen auch, mit dem Anfasser, der wie eine Stecknadel im oberen Bereich des Rahmens steckt, verdrehen.

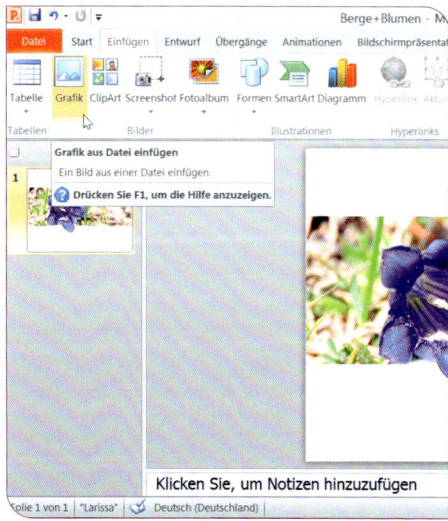

Bilder und Grafiken lassen sich mit wenigen Mausklicks auf eine Folie bringen.

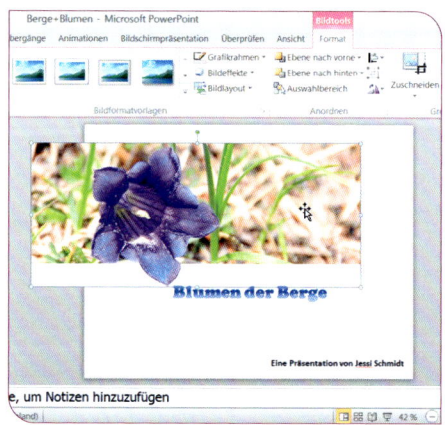

Fotos oder andere Elemente lassen sich mit den Pfeiltasten der Tastatur oder mit dem Mauszeiger verschieben.

Wie von Word bekannt, gibt es auch in PowerPoint ein Menüband namens „Bildtools", wenn ein Bild ausgewählt ist. Hier können Sie wie gewohnt Rahmen einbinden oder Bilder zuschneiden.

Sie möchten einen Balken einfügen?

Ebenfalls im Menüband „Einfügen" finden Sie den Bereich „Illustrationen", über den Sie einfache Formen, aber auch sogenannte SmartArt-Grafiken und Diagramme einbinden können. Klicken Sie auf den Schalter „Formen" und wählen Sie im Pull-down-Menü eine Form aus. Ziehen Sie anschließend den Mauszeiger bei gedrückter linker Maustaste über die Folie, um die Form zu platzieren. Lassen Sie die Maustaste los, um den Vorgang abzuschließen. Nun ist die Form auf dem Folienblatt und kann bearbeitet werden. Soll die Form hinter einen Text, müssen Sie die Anordnung ändern.

Im Menüband „Start" können Sie bestimmen, in welcher Ebene ein Element angeordnet sein soll.

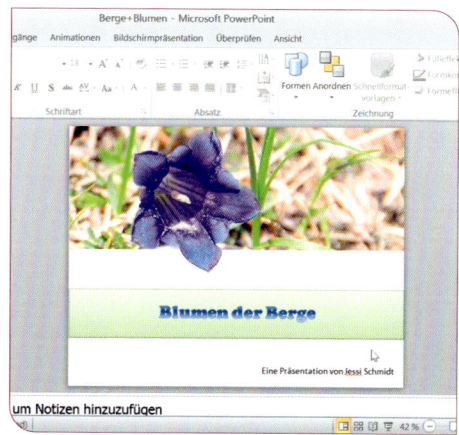

Mit einem Mausklick lässt sich ein Objekt hinter den Text verschieben.

Was ist SmartArt?

Unter „SmartArt" im Menüband „Einfügen" finden Sie Grafiken, mit denen Sie verschiedene Abläufe veranschaulichen können, wie z.B. Zyklen, Hierarchien oder Beziehungen. Wenn Sie eine solche Grafik übernommen haben, erscheint ein neuer Reiter (SmartArt-Tools) über dem Menüband. Klicken Sie das Menüband an, um die Grafik anzupassen.

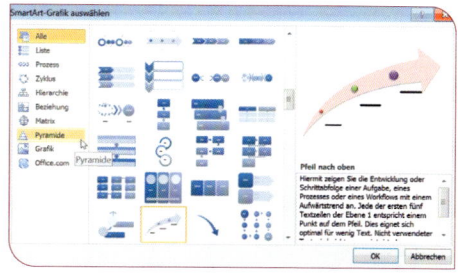

PowerPoint bringt viele grafische Elemente mit, mit denen Sie Abläufe und mehr veranschaulichen können.

Diagramme einfügen

Wie lassen sich Diagramme nutzen?

Gerade mit Diagrammen, seien es Torten-, Säulen- oder Balkendiagramme, lassen sich viele Dinge sehr anschaulich darstellen. PowerPoint kombiniert dieses Modul mit der Tabellenkalkulation Excel, was die Bearbeitung sehr komfortabel macht.

So fügen Sie ein Diagramm ein:

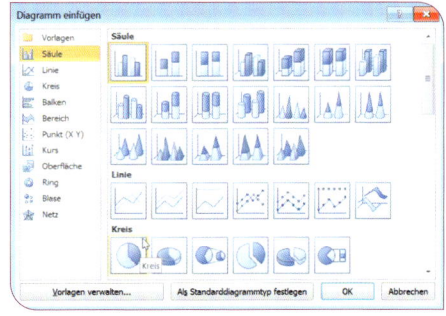

Wählen Sie zunächst ein passendes Diagramm aus der Auswahl.

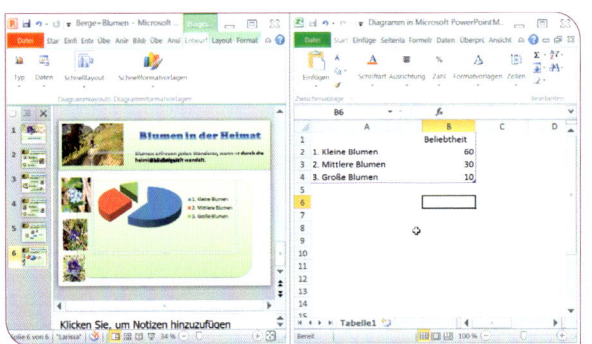

PowerPoint öffnet automatisch Excel, damit Sie die entsprechenden Angaben machen können. Die Daten werden sofort auf der Folie in grafische Elemente umgewandelt.

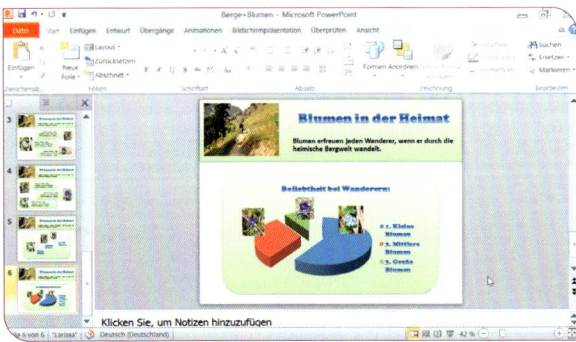

Gestalten Sie nun noch Schrift und Farben wie gewohnt, damit das Diagramm zum Layout der Präsentation passt.

Gibt es Präsentationen mit Musik?

Neben Musik können Sie auch Videos in einer Präsentation unterbringen. Vor allem kleine Videos können einzelne Folien spannender machen. PowerPoint unterstützt verschiedene Videoformate wie z. B. Windows Media Video, kurz WMV. Haben Sie kein passendes Videoformat, müssen Sie einen Film zunächst umwandeln.

Videos und Musik fügen Sie im Menüband „Einfügen" im Bereich „Medien" über die entsprechenden Schaltflächen ein. Nach dem Import erscheint das Menüband „Videotools", das in die Registerkarten „Format" und „Wiedergabe" unterteilt ist. Wählen Sie „Format", um z. B. Korrekturen vorzunehmen. Im gleichnamigen Pull-down-Menü können

Sie über Vorschaubilder unter anderem die Helligkeit Ihres Videos anpassen. Außerdem können Sie hier Rahmen, Farben und mehr über die gewohnte Toolführung anpassen.

Spannend wird es unter dem Reiter „Wiedergabe". Hier bringt PowerPoint sogar ein kleines Schnitttool mit. Wenn ein Video zu lang ist, können Sie Anfang und/oder Ende kürzen. Wechseln Sie dafür in das Menüband „Wiedergabe" und klicken Sie im Bereich „Bearbeiten" die Schaltfläche „Videokürzen" an. Im Bearbeitungsfenster haben Sie links und rechts neben der Zeitleiste einen blauen bzw. roten Schieberegler. Verschieben Sie diese, um den Anfang und/oder das Ende zu kürzen. Alternativ können Sie auch mit der Tastatur im Textfeld Start- bzw. Endzeit einen Start- bzw. Endpunkt bestimmen.

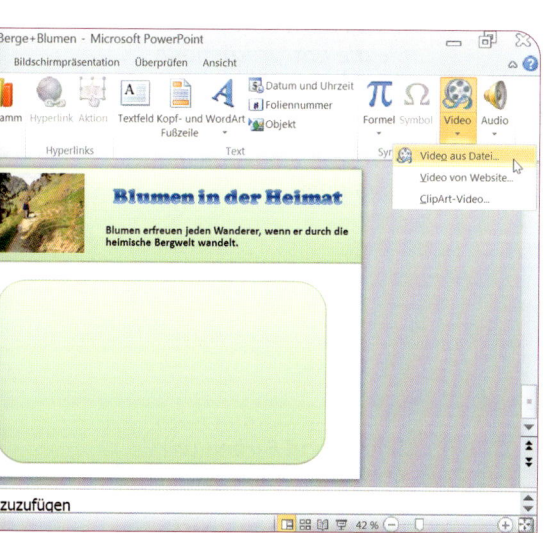

Videos können einfach über diese Schaltfläche eingebunden werden.

Videobearbeitung: Neben kleinen Farbkorrekturen können Sie in Power-Point Videos auch begrenzt kürzen.

Objekte animieren

Lassen sich Objekte animieren?

Fotos, die über den Bildschirm hüpfen, Objekte, die sich drehen und sich ein wenig auf der Folie bewegen, das kann nicht schaden. Allerdings sollte man es mit den Effekten nicht übertreiben.

Im Menüband „Animationen" finden Sie verschiedene Werkzeuge, mit denen Sie Objekte animieren können. Markieren Sie zunächst ein Objekt, beispielsweise ein Foto. Wählen Sie nun unter dem Reiter „Animationen" eine Animation aus. Das Foto wird nun mit einer Zahl markiert und rechts im „Animationsbereich" angezeigt. Die Zahl macht Sinn, denn wenn Sie mehr als ein Objekt auf einer Folie animieren, verlieren Sie schnell den Überblick. Die Zahlen lassen sich klar einem Objekt zuweisen.

Kann man die Animation anpassen?

Um die Animation anzupassen, wählen Sie rechts im Animationsbereich das Objekt aus, das Sie angleichen möchten. Rechts finden Sie ein kleines Dreieck und wenn Sie darauf klicken, öffnet sich ein kleines Auswahlmenü. Mit den ersten drei Punkten können Sie bestimmen, unter welchen Bedingungen die Animation beginnen soll, z. B. bei einem Klick mit dem Mauszeiger. Außerdem können Sie mit dem Eintrag „Effektoptionen" bzw. „Anzeigedauer" ein Dialogfenster öffnen, in dem Sie weitere Einstellungen vornehmen können. Alternativ können Sie die Parameter für „Start", „Dauer" und „Verzögerung" auch im Menüband im Bereich „Anzeigedauer" anpassen.

Wenn Sie mit dem Mauszeiger über ein Animationssymbol fahren, wird die Animation als Vorschau am ausgewählten Objekt gezeigt.

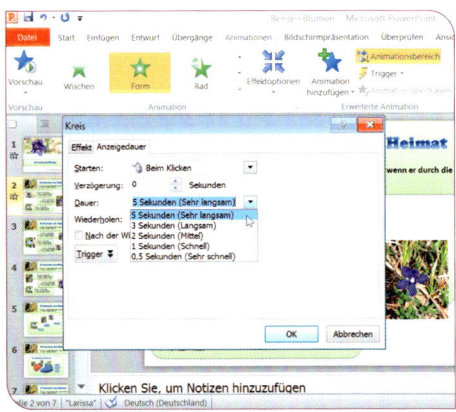

Stellen Sie hier die Verzögerung und die Anzeigedauer der Animation ein.

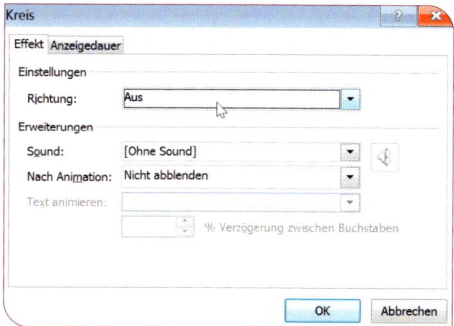

Je nach Effekt können Sie hier verschiedene Einstellungen vornehmen, um eine Animation anzupassen.

Klicken Sie im Menüband „Animationen" links auf den Vorschaubutton, um die Animation zu überprüfen.

 Lassen sich Animationen übertragen?

Sie können Animationseffekte auch übertragen. Markieren Sie das Objekt, dessen Effekt Sie übertragen möchten. Anschließend doppelklicken Sie auf die Schaltfläche „Animation übertragen"

im Menüband „Animationen". Der Mauszeiger verwandelt sich nun, wenn Sie auf die Folie fahren, zu einem Mauszeiger mit Pinsel. Klicken Sie nun einfach ein anders Objekt an, das denselben Effekt bekommen soll. Um das Übertragungswerkzeug abzuwählen, drücken Sie einfach die Esc-Taste.

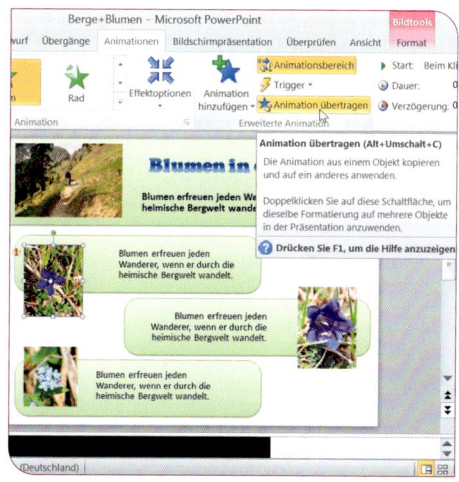

Mit einem Doppelklick können Sie Animationseffekte übertragen.

 Kann ich Bewegungen zuweisen?

Wählen Sie im Pull-down-Menü „Animation" unter Animationspfad „Benutzerdefiniert" aus. Nun können Sie mit dem Mauszeiger einen eigenen Pfad anlegen, den das Objekt beschreiten soll. Markieren Sie jeden Richtungswechsel mit einem Klick. Den Schlusspunkt setzen Sie mit einem Doppelklick. Wollen Sie die Punkte später verschieben oder bearbeiten, wählen Sie die Werkzeuge, die Sie unter „Effektoptionen" im Menüband finden.

Folienübergänge definieren

Lassen sich Folienübergänge bestimmen?

Ähnlich wie beim Videoschnitt die einzelnen Szenen, können in PowerPoint Folien mit einem Übergang verbunden werden. Eine große Auswahl an Übergängen finden Sie im Menüband „Übergänge". Der Effekt wird auf die aktuell angezeigte Folie übernommen. Wählen Sie einen beliebigen Übergangseffekt aus und definieren Sie im Bereich „Anzeigedauer" die Dauer des Effekts.

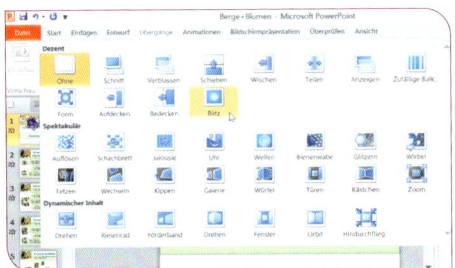

PowerPoint bietet eine große Auswahl an Übergangseffekten.

Wie kann man Übergänge übertragen?

Sie müssen nicht für jeden Folienwechsel einen eigenen Übergang definieren. Wenn Ihnen einer gefällt, dann klicken Sie unter „Anzeigedauer" im Menüband „Übergänge" einfach auf den Schalter „Für alle übernehmen". Schon werden alle Folienwechsel mit demselben Übergang versehen.

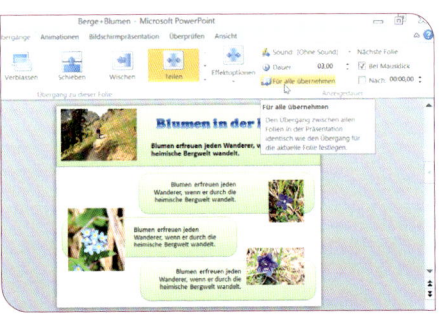

Sie können einen Übergang für die komplette Präsentation nutzen.

Gibt es Sound für die Übergänge?

PowerPoint bringt eine kleine Sammlung an Soundeffekten wie Applaus, Bombe oder Klick mit, die Sie einfügen und anpassen können. Allerdings sollte man mit diesen Soundeffekten ebenso sparsam umgehen, wie mit Hintergrundmusik und anderen Geräuschkulissen. Denn zu viel Lärm nervt in der Regel.

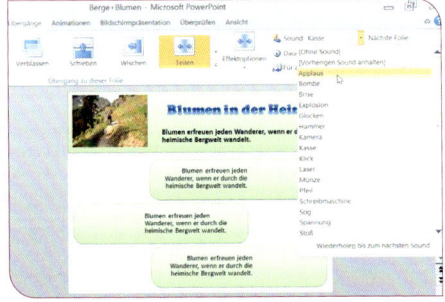

Gehen Sie sparsam mit Soundeffekten um. Diese sind zwar im ersten Moment nett, können aber schnell nerven.

Übergangseffekte im Überblick:

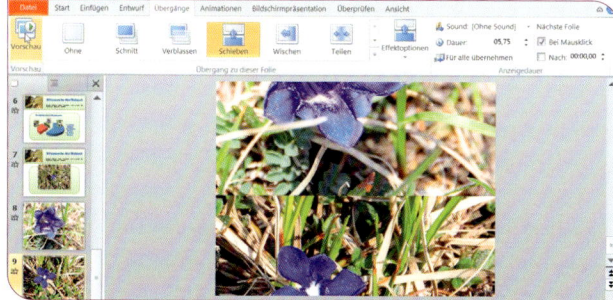

Schieben

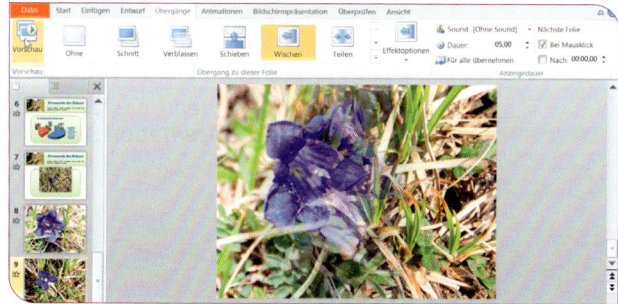

Wischen

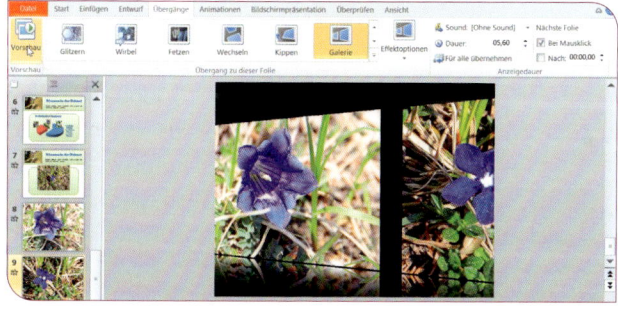

Galerie

Bedecken

Mit Masterfolien arbeiten

Kann ich Standardfolien speichern?

Wenn Sie in allen Folien Ihrer Präsentationen ein identisches Layout verwenden möchten, dann müssen Sie das nicht jedes Mal neu anlegen. Erstellen Sie sich lieber einen sogenannten Folienmaster, der jede neue Folie mit den passenden Elementen beliefert. Wenn Sie z. B. auf jeder Folie ein Logo oder ein bestimmtes Foto eingesetzt haben, dann ist der Folienmaster eine echte Arbeitserleichterung.

Wo finde ich den Folienmaster?

Zum „Folienmaster" kommen Sie über das Menüband „Ansicht" im Bereich „Masteransichten". Klicken Sie auf „Folienmaster", um Folienvorlagen für Ihr Projekt anzulegen. Jetzt erscheint nach „Datei" die Registerkarte „Folienmaster" und im Menüband finden Sie verschiedene Schaltflächen, um eine Standardfolie anzulegen.

Die oberste Folie ist die Masterfolie, die die unter ihr angelegten Folien beeinflusst. Fügen Sie hier nun wie in einer normalen Folie Grafiken, Texte und Fotos ein, die Sie für alle Folien Ihrer Präsentation nutzen wollen, wie z. B. ein Firmenlogo oder ein Bild. Die weiteren Folien können Sie als Vorlagen für Ihre Präsentation nutzen, z. B. wenn Sie öfter Folien mit bestimmten Grafikelementen benötigen. Haben Sie hier eine Vorlage hinterlegt, können Sie diese im Handumdrehen in Ihre Präsentation einbinden. Wenn alle Elemente platziert sind, können Sie den Folienmaster schließen.

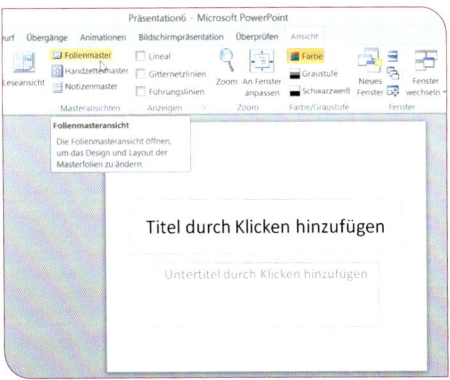

Der „Folienmaster" nimmt Ihnen bei wiederkehrenden Elementen die Arbeit ab, diese einzupflegen.

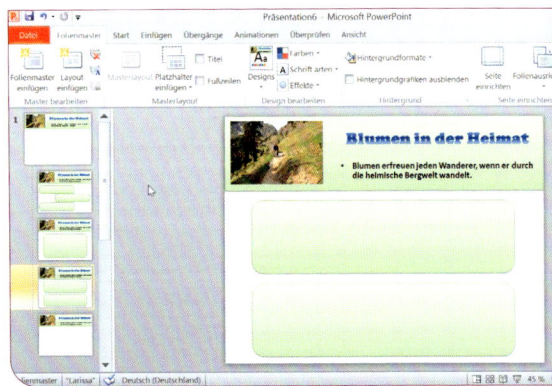

Legen Sie sich von häufig benötigten Elementen Vorlagen an.

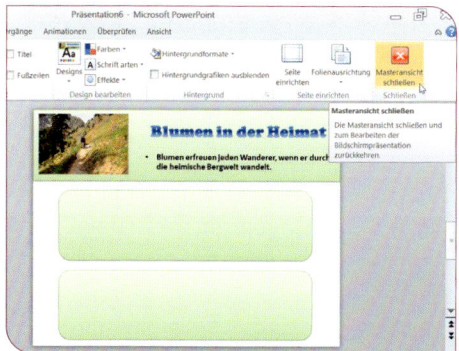

Beenden Sie den Folienmaster mit einem Klick auf die rechte Schaltfläche „Masteransicht schließen".

Wie benenne ich die Masterfolien?

Geben Sie den unter „Folienmaster" erstellten Folien einen eindeutigen Namen. Das hilft vor allem bei größeren Sammlungen, den Überblick zu behalten. Fahren Sie mit dem Mauszeiger auf eine Folie, die Sie umbenennen wollen, und öffnen Sie das Kontextmenü. Klicken Sie auf den Eintrag „Layout umbenennen".

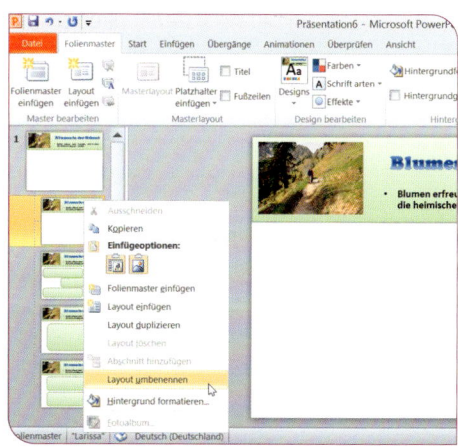

Geben Sie Ihren Layoutvorlagen einen eindeutigen Namen.

Wo finde ich die Masterfolien?

Die Layoutvorlagen finden Sie nun im Menüband „Start" im Bereich „Folien". Klicken Sie auf „Neue Folie", um ein Auswahlfenster zu öffnen. Ein Klick reicht nun aus, um eine Masterfolie in Ihre Präsentation zu übernehmen.

So können Sie viel Zeit sparen, wenn Sie häufig verwendete Elemente wie Logos, Kästen oder Bilder nicht immer wieder neu in eine Präsentation einbinden müssen.

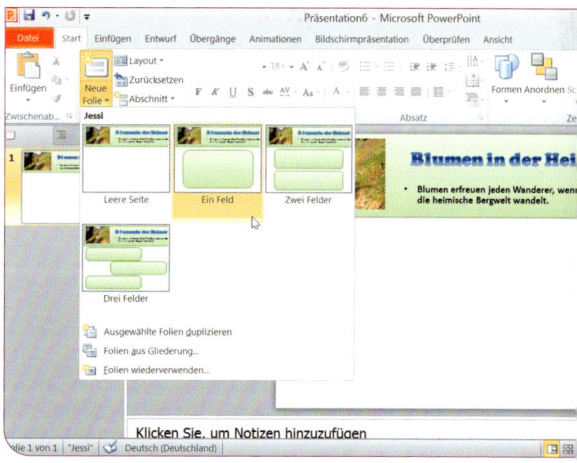

Folien aus der Masterfolien-Serie können Sie aus dem Menüband „Start" in Ihr Projekt einfügen.

Präsentationen drucken

Lassen sich Präsentationen drucken?

PowerPoint-Präsentationen kann man nicht nur über einen Beamer einem großen Publikum zeigen, sondern auch auf Papier bannen. Wechseln Sie dafür in die Backstage-Ansicht und wählen Sie in der linken Spalte den Eintrag „Drucken" aus. Wählen Sie einen Drucker, legen Sie die Druckoptionen fest, wie in den anderen Office-Modulen auch, und klicken Sie auf die Schaltfläche „Drucken", um den Druckauftrag abzusenden.

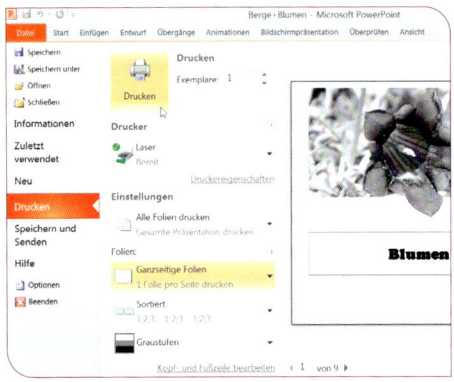

Drucken Sie Präsentationen in der Backstage-Ansicht aus.

Kann man Handzettel drucken?

Bei Präsentationen bietet es sich an, dem Publikum Handzettel zu geben. Denn durch die Handzettel bekommen die Menschen einen Überblick über die kommende Präsentation, sie können sich aber auch während der Präsentation zu den einzelnen Folien Notizen machen.

Drucken Sie Handzettel über den Drucker aus. Dabei reicht es in der Regel, wenn Sie mehrere Seiten der Präsentation auf einer Druckseite kombinieren. Wechseln Sie zunächst in die Druckoptionen. Hier finden Sie unter „Einstellungen" die Einstellungen für das Drucklayout. Wählen Sie unter „Handzettel" das für Sie passende Format. Neben der Möglichkeit, eine Folie pro Druckblatt zu drucken, können Sie auf einer Seite auch 2, 3 oder mehr Folien unterbringen.

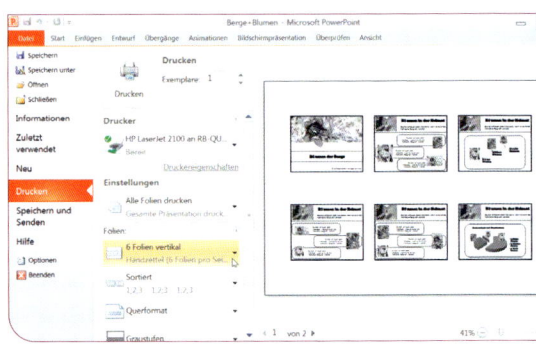

Sie können mehrere Folien auf einer Druckseite verteilen.

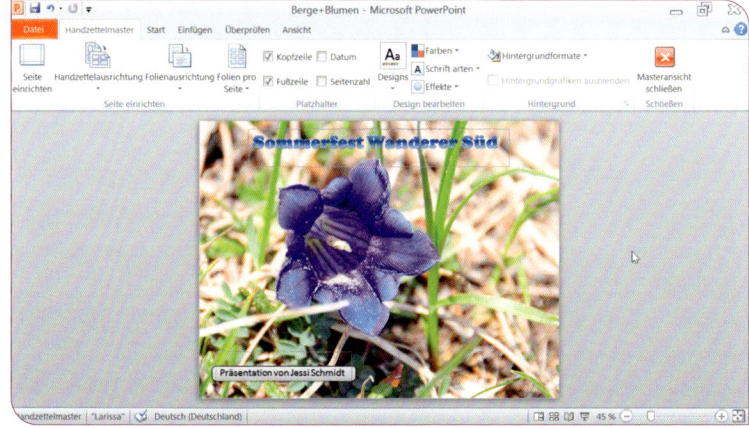

Mit dem „Hand-zettelmaster" können Sie den Handzettel besonders anspruchsvoll layouten.

Lassen sich Kopf- und Fußzeilen einbinden?

Wenn Sie Ihre Präsentation als Hand-zettel verteilen, ist es vielleicht sinnvoll, wenn Sie jede Seite mit einer zusätzlichen Kopf- und Fußzeile versehen, z. B. mit einem Hinweis auf die Veranstaltung, die Präsentation oder Ihre Kontaktdaten. Möchten Sie eine andere Schrift für die Kopf- bzw. Fußzeile verwenden, dann müssen Sie kurz in die

Registerkarte „Ansicht" wechseln. Hier finden Sie im Bereich „Masteransichten" den Eintrag „Handzettelmaster". Hier stehen Ihnen weitere Layoutoptionen zur Verfügung. So können Sie z. B. die Schriftart und -größe anpassen, aber auch eine Hintergrundfarbe definieren.

Betrachten Sie Ihre Eingaben in der Vor-schau. Passt alles, dann drucken Sie die Präsentation entsprechend der Teilneh-merzahl aus.

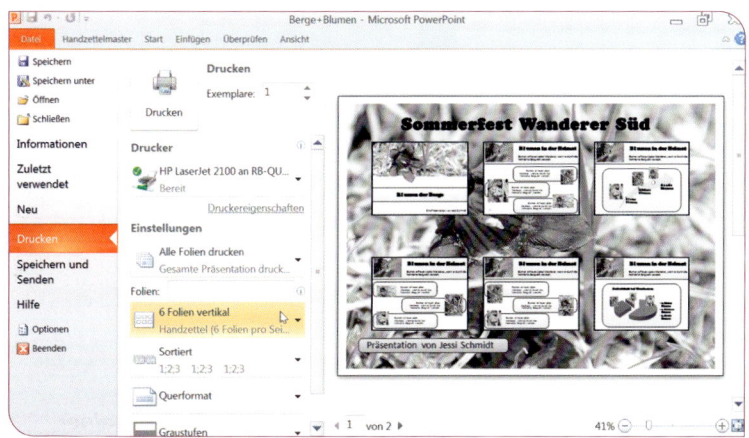

Prüfen Sie vor dem Druck die Druckvorschau.

Präsentationen neu speichern und verschicken

Welche Dateiformate kann man verschicken?

Selbst verständlich haben Sie Ihre Präsentation beim Erstellen regelmäßig abgespeichert. In der Regel tut man das im hauseigenen PowerPoint-Format pptx. Aber eine PowerPoint-Präsentation läuft nicht auf jedem Rechner. Darum sollten Sie für den Versand ein häufigeres Dateiformat suchen, z. B. PDF. Mit einem PDF-Dokument können Sie Ihre Präsentation platzsparend weiterreichen. Zwar fehlen bei diesem Format Sounddateien, Videos und tolle Effekte, dafür erreichen Sie mit dem PDF-Format eine große Kompatibilität. Denn PDF kann von vielen Rechnern gelesen werden.

Wenn Sie nicht auf Animationen und Übergänge verzichten möchten, können Sie die Präsentation auch als WMV-Video abspeichern. Dieses Speicherformat benötigt allerdings sehr viel Platz auf der Festplatte.

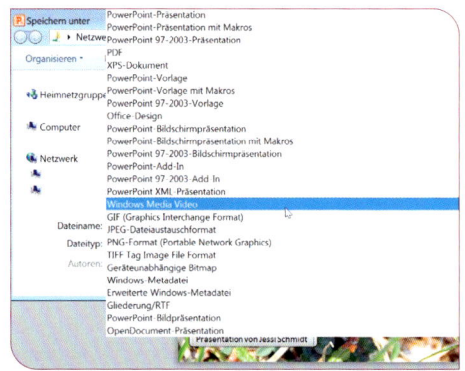

Ein Video im WMV-Format zeigt auch die Animationen und Übergänge.

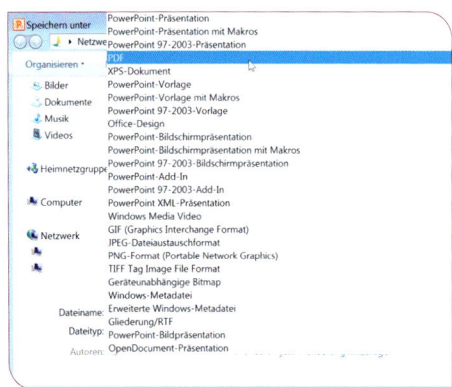

Eine Präsentation im PDF-Format kann auf vielen Rechnern abgespielt werden.

Eine Präsentation als WMV-Video kann am Computer mit dem Windows Media Player und anderen Wiedergabeprogrammen abgespielt werden.

Wie kann ich präsentieren?

Mit PowerPoint 2010 können Sie nicht nur über einen Beamer, am Bildschirm oder per PDF oder Video Ihre Präsentationen vorstellen, sondern auch über das Internet. Einzige Voraussetzung ist eine gültige Windows Live ID, die Sie auch für den SkyDrive-Service benötigen.

Gehen Sie auf das Menüband „Bildschirmpräsentation" und wählen Sie hier den Eintrag „Bildschirmpräsentation übertragen". Im nächsten Schritt versucht PowerPoint eine Verbindung aufzubauen und die Daten für den Service zur Verfügung zu stellen. Ist die Übertragung abgeschlossen, bekommen Sie einen Link, den Sie an mögliche Zuschauer verschicken können. Ist alles

bereit, können Sie die Präsentation am Rechner starten und die Zuschauer können sie an ihrem Rechner verfolgen.

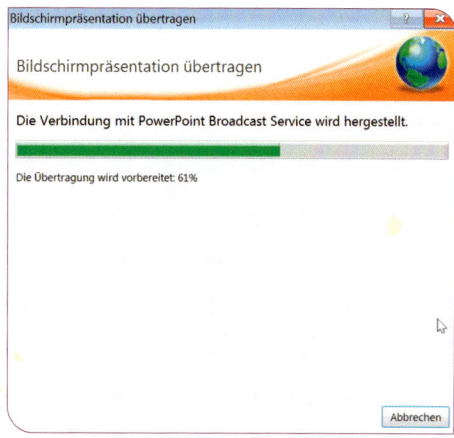

Zunächst muss PowerPoint eine Verbindung aufbauen.

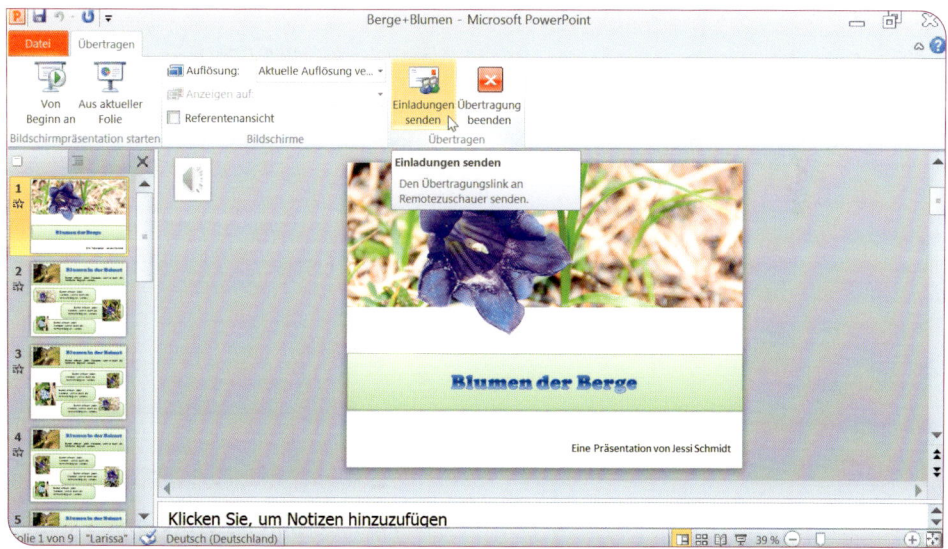

Nach dem Verbindungsaufbau bekommen Sie einen Link, den Sie an Zuschauer verschicken können.

?

OneNote 2010

Das digitale Notizbuch

OneNote ist ein digitales Notizbuch, mit dem Sie zentral Ihre Notizen übersichtlich und strukturiert sammeln können. Mit OneNote können Sie aber nicht nur Texte sammeln und ordnen, sondern auch Bilder, digitale Handschriften, Audio- und Videoaufzeichnungen und vieles mehr. Einen kleinen Auszug der umfangreichen Möglichkeiten finden Sie auf den nächsten Seiten.

OneNote ist wie die anderen Office-2010-Module mit einem Menüband ausgestattet, das sich am oberen Programmfenster befindet. Zusätzlich gibt es auf der linken Seite eine ausklappbare Navigationsleiste, in der Sie neue Abschnitte, Abschnittsgruppen oder Notizbücher anlegen und aufrufen können.

Außerdem gibt es die Registerkarten für Abschnitte und Abschnittsgruppen, die sich direkt über dem Seitenregister befinden. Alternativ zu den Registerkarten können Sie die Abschnitte auch über die Navigationsleiste unter dem entsprechenden Notizbuch öffnen.

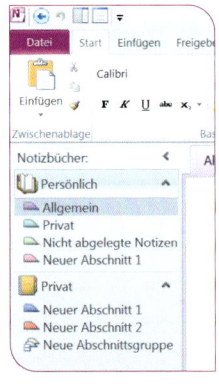

Die Navigationsleiste

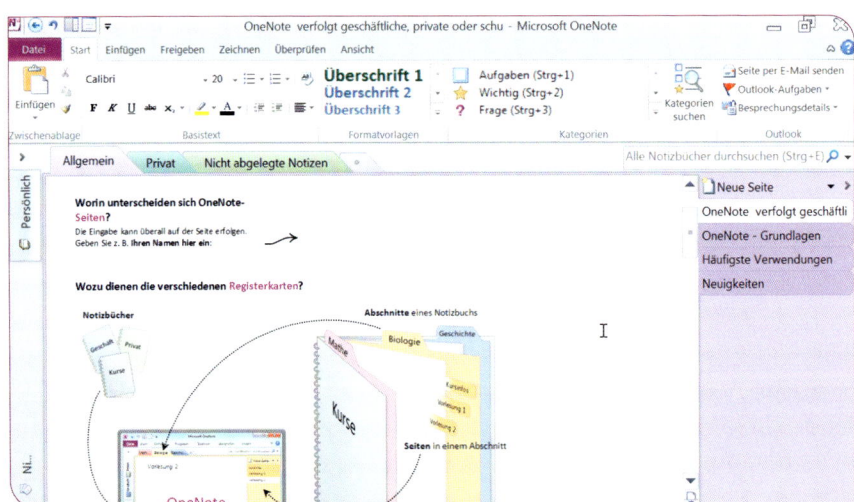

OneNote ist ein digitaler Notizblock mit vielen Extras.

Die Registerkarten für Abschnitte

Im Seitenregister werden die Seiten angezeigt, die in den Abschnitten gegliedert sind. Hier können Sie außerdem neue Seiten und Unterseiten anlegen und bei Bedarf Seiten löschen.

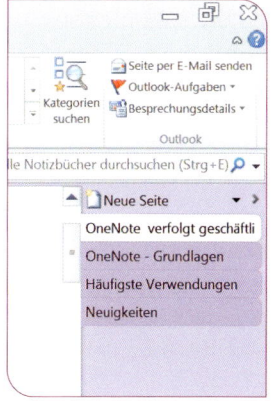

Das Seitenregister

Außerdem gibt es noch ein Suchfeld, um Notizen schnell aufzuspüren.

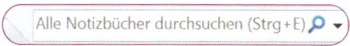

Das Suchfeld

Wie ist OneNote gegliedert?

Ein Notizbuch sollte immer für einen bestimmten Bereich angelegt werden, z. B. für private Zwecke, den Sportverein oder den Beruf. Es beinhaltet die Abschnitte bzw. Abschnittsgruppen, die wiederum verschiedene Abschnitte enthalten können.

In den einzelnen Abschnitten finden sich dann die Seiten, eventuell mit ihren Unterseiten, auf denen die Notizen gespeichert werden.

Die Hierarchie in OneNote sieht wie folgt aus:

Notizbuch
   Abschnittsgruppen (optional)
Abschnitte
Seiten
   Unterseiten (optional)
Notizen

Wie lege ich ein Notizbuch an?

Öffnen Sie einfach das Kontextmenü in der Navigationsleiste (linke Leiste) und klicken auf den Eintrag „Neues Notizbuch". Alternativ können Sie in dem Menüband „Datei" auf „Neu" wechseln, um ein neues Notizbuch anzulegen. Wählen Sie hier einen Speicherplatz aus und geben Sie dem Notizbuch einen Namen. Speichern Sie das Notizbuch, das umgehend in der Navigationsleiste erscheint.

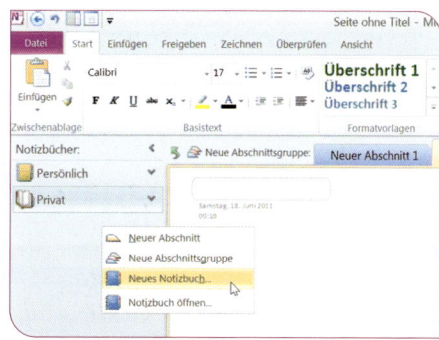

Hier können Sie ein neues Notizbuch anlegen.

Verschiedene Ansichten

Welche Ansichten gibt es?

Im Menüband „Ansicht" können Sie im Bereich „Ansichten" verschiedenen Optionen wählen:

Normalansicht: Das OneNote-Fenster sieht aus wie bereits beschrieben.
Ganzseitenansicht: OneNote verzichtet auf die Navigationsleiste und das Seitenregister und es bleibt mehr Platz für die Notizen.
An Desktop andocken: OneNote wird an den Desktop-Rand angedockt und nimmt die Hälfte des Bildschirms ein.

Wie lässt sich die Seite einrichten?

Unter der Registerkarte „Ansicht" können Sie nicht nur die Ansicht für das gesamte Fenster verändern, sondern auch die Ansicht Ihres Notizzettels. Über das Auswahlmenü „Seitenfarbe" lassen sich beispielsweise die Seitenfarben verändern. Im Menü „Hilfslinien" finden Sie verschiedene Linien- und Karomuster, die Sie im Arbeitsblatt einblenden lassen können. Das ist besonders praktisch, wenn man die Eingabe mit einem Grafiktablett und einem Stift vornimmt.

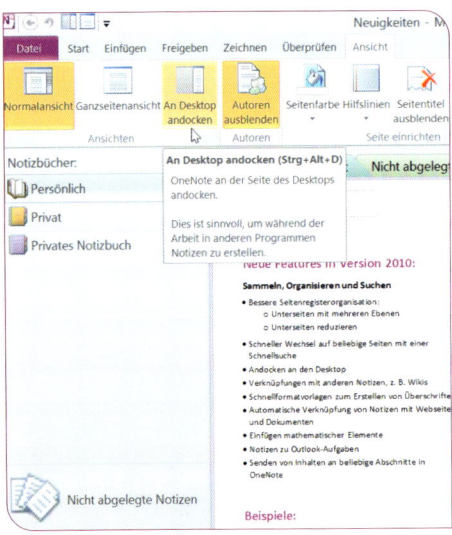

Wählen Sie im Menüband „Ansicht" eine passende Ansicht für Ihr OneNote aus.

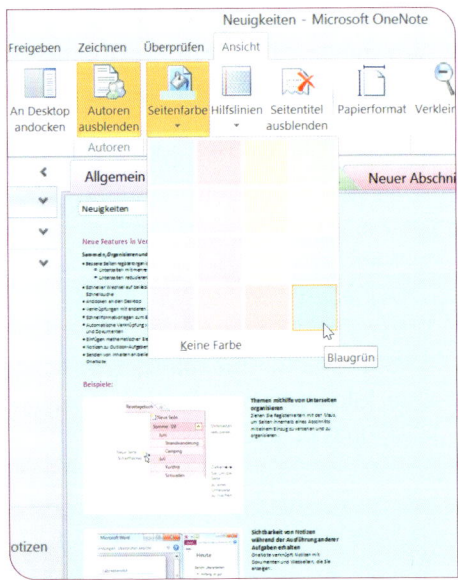

Passen Sie die Hintergrundfarbe Ihres Notizzettels an.

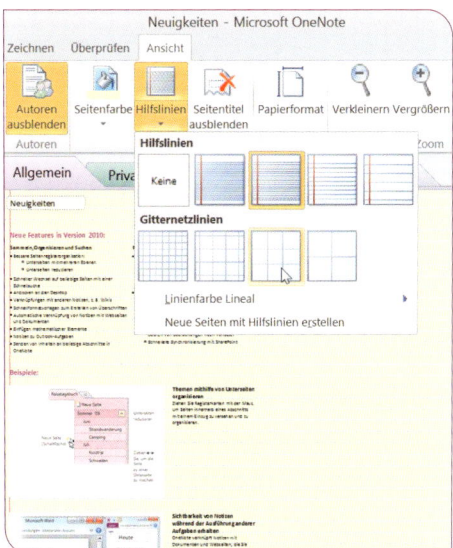

Hilfslinien erleichtern das Ausrichten von Text und anderen Elementen.

 ### Kann ich das Papierformat ändern?

Sie können das Papierformat in der Registerkarte „Ansicht" anpassen. Wenn Sie auf die Schaltfläche „Papierformat" klicken, erscheint neben dem Seitenregister ein Dialogfeld mit verschiedenen Eingabefeldern. Hier legen Sie z. B. die Papiergröße fest. Dabei können Sie entweder aus einem Menü verschiedene Größen wie z. B. A4, Letter oder Postkarte wählen oder das Seitenverhältnis manuell eintippen. OneNote akzeptiert Werte zwischen 3,17 und 55,88 cm.

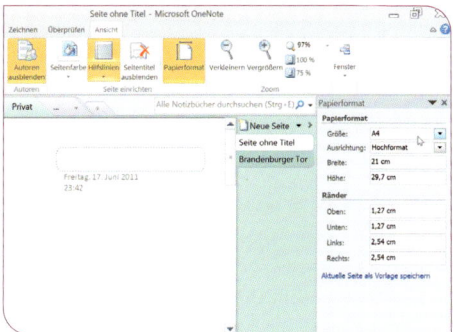

Passen Sie das Papierformat individuell an.

 ### Lassen sich Notizen ausdrucken?

Wie bei anderen Office-Modulen hat sich auch bei OneNote die Druckfunktion in der Backstage-Ansicht versteckt. Wechseln Sie zum Reiter „Datei" und klicken Sie in der linken Spalte auf die Schaltfläche „Seitenansicht aus", um vor dem Druck zu überprüfen, ob das Seitenformat und die Ausrichtung zum Ausdruck passen. Stimmen die Einstellungen, drucken Sie das Dokument aus, indem Sie auf den Button „Drucken" klicken.

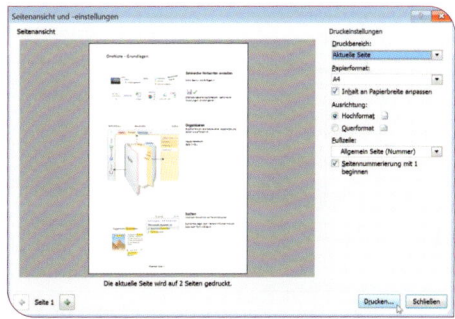

Bevor Sie eine Notiz ausdrucken, sollten Sie sich die Druckvorschau anschauen.

Ein neuer Abschnitt

Wie lege ich einen Abschnitt an?

Es gibt verschiedene Möglichkeiten, einen Abschnitt anzulegen, z. B. in der Navigationsleiste oder in der Abschnitt-Registratur. Öffnen Sie in der Navigationsleiste das Kontextmenü und klicken Sie auf den Eintrag „Neuer Abschnitt" bzw. „Neue Abschnittsgruppe". Alternativ können Sie auf die rechte Registerkarte im Register Abschnitte klicken. Schon wird ein neues Register erstellt und Sie können in ein Textfeld einen Namen eingeben. Der Name kann später noch geändert werden. Einfach im Kontextmenü auf „Umbenennen" klicken und einen neuen Namen eingeben. Genauso können Sie auch in der Navigationsleiste einen neuen Namen vergeben.

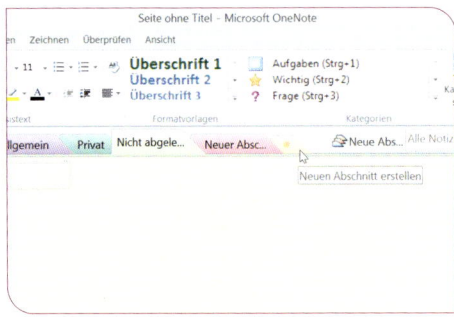

Alternativ können Sie auch in den Registerkarten einen neuen Abschnitt erstellen.

Wie erstelle ich eine neue Seite?

Wenn Sie in einem Abschnitt eine neue Seite erstellen möchten, dann klicken Sie im Seitenregister auf die Schaltfläche „Neue Seite" oder öffnen Sie das Kontextmenü in diesem Register. Außerdem befindet sich neben der Schaltfläche für eine neue Seite ein kleines Dreieck. Klicken Sie darauf,

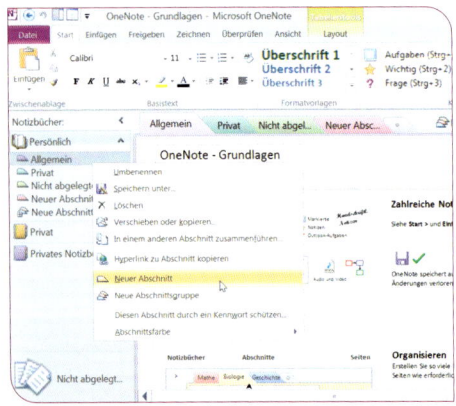

Erstellen Sie hier im Kontextmenü einen neuen Abschnitt.

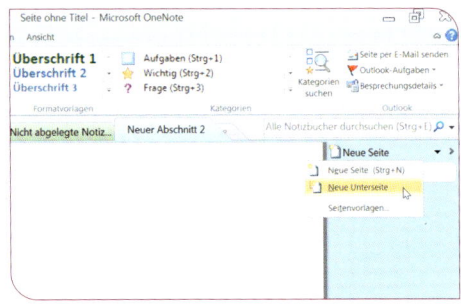

Im Seitenregister können Sie neue Seiten und neue Unterseiten erstellen.

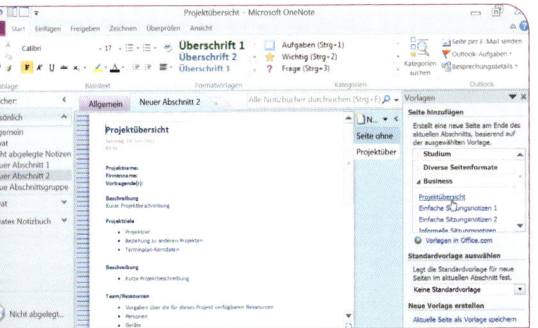

Außerdem können Sie hier verschiedene Vorlagen aufrufen.

um ein Auswahlmenü zu öffnen. Hier können Sie entweder eine neue Seite anlegen, eine neue Unterseite erstellen oder Seitenvorlagen aufrufen.

Wie erstelle ich eine Notiz?

Notizen fügen Sie auf der Seite unter der Abschnitts-Registratur ein. Dafür stehen Ihnen die Maus sowie die Tastatur, aber auch ein Grafiktablett, wenn vorhanden, zur Seite. Geben Sie der Seite zunächst einen aussagekräftigen Titel, das erleichtert bei großen Notizsammlungen das Aufspüren. Den Titel müssen Sie in das Titelfeld links oben auf der Seite eintragen.

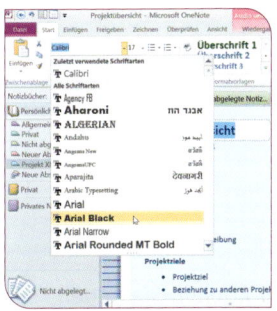

Texte können in OneNote fast wie in Word angepasst werden.

Nun können Sie einfach in das Textfeld tippen und Bilder, Videos und Hyperlinks einfügen.

Lassen sich Texte formatieren?

Wie bei anderen Office-2010-Modulen finden Sie im Menüband in der Registerkarte „Start" viele Werkzeuge, mit denen Sie den Text anpassen können. Alternativ zum klassischen Tippen können Sie aber auch ein Grafiktablett zur Eingabe von Notizen benutzen. Einige Stiftvorlagen finden Sie im Menüband „Zeichnen". Hier gibt es auch einen passenden Radiergummi, wenn ein Strich mal daneben geht. Praktisch sind hier die Textmarker, die sich auch bequem mit der Maus bedienen lassen, um Textstellen farbig zu markieren.

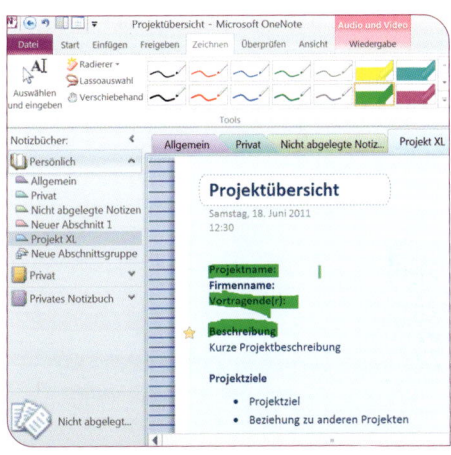

Mit der Freihand-Zeichnung können Sie schnell Texte markieren oder Notizen schreiben.

Objekte einfügen

Wie kann ich Objekte einfügen?

Wechseln Sie in das Menüband „Einfügen". Das erste Werkzeug ganz links ist das Werkzeug „Schreibbereich einfügen". Das ist dann besonderes praktisch, wenn man mal schnell eine Notiz hinterlegen will, der Platz auf der Seite aber nicht mehr ausreicht. Greifen Sie die Werkzeuge, fahren Sie mit dem Mauszeiger auf die Notizen, halten Sie die linke Maustaste gedrückt und fahren Sie soweit rauf oder runter, bis Sie genügend neuen Platz zum Schreiben haben.

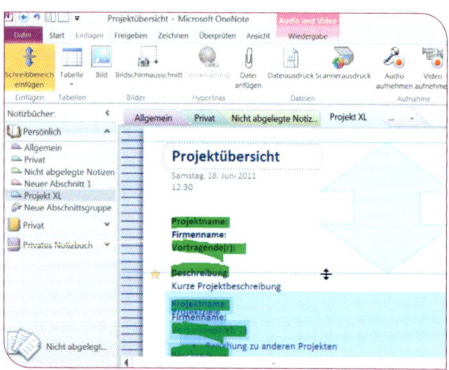

Mit dem Werkzeug „Schreibbereich einfügen" haben Sie im Nu wieder Platz für neue Notizen.

Außerdem gibt es hier ein Tabellen-Tool, mit dem Sie im Handumdrehen eine Tabelle einfügen können, oder einen Button, mit dem Sie Bilder

importieren können. Einfacher geht das Einfügen von Bildern, Videos, Musik & Co. aber per Drag and Drop.

Kann man Bildschirmausschnitte einfügen?

Wählen Sie im Menüband „Einfügen" das Werkzeug „Bildschirmausschnitt" aus, um z.B. einen Teil einer Website in Ihre Notizen zu kopieren. Aktivieren Sie das Tool, um einen Bildschirmausschnitt zu übernehmen. Markieren Sie den entsprechenden Bereich auf dem Bildschirm bei gedrückter linker Maustaste. Wenn Sie die Taste loslassen, wird der markierte Bereich übernommen.

Tipp: Läuft OneNote bei Ihnen im Hintergrund und Sie stoßen beim Surfen auf etwas, das Sie sich gerne mit dem Werkzeug „Bildschirmausschnitt" notieren möchten, dann aktivieren Sie das Tool einfach mit der Tastenkombination Windowstaste + S.

Lassen sich Sprachnotizen ablegen?

Neben Audioaufzeichnungen lassen sich mit OneNote auch Videoaufzeichnungen, z.B. mit der Webcam, erstellen. Die Aufnahmefunktionen aktivieren Sie im Menüband „Einfügen" im Bereich „Aufnahme". Für eine Audionotiz klicken Sie „Audio aufnehmen" an.

Wollen Sie ein Video mit der Webcam aufnehmen, dann klicken Sie auf „Video aufnehmen".

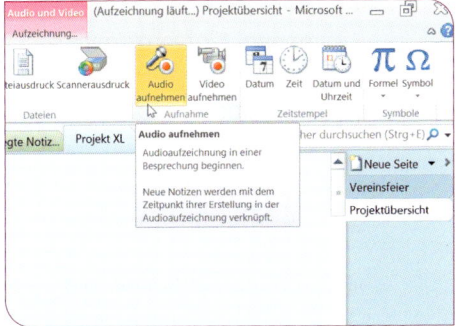

Beginnen Sie hier eine Audio-aufnahme.

Umgehend öffnet sich das neue Menü-band „Audio und Video", in dem Sie die Aufnahme auch wieder stoppen können. Klicken Sie erneut auf den Aufnahmebutton, um den Mitschnitt zu beenden.

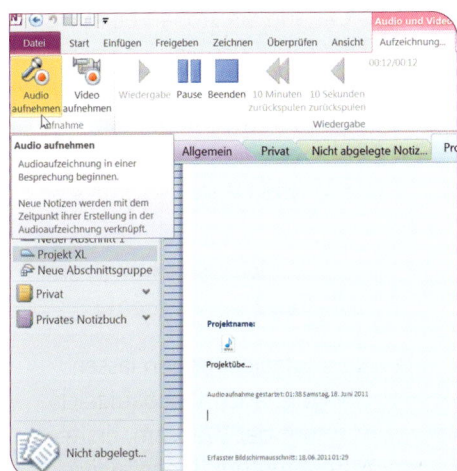

Beenden Sie die Aufnahme mit einem erneuten Klick auf den Aufnahmebutton.

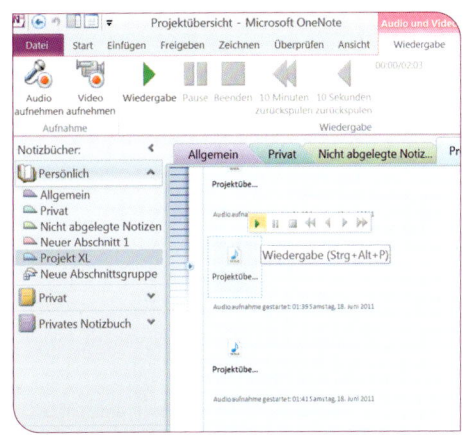

Wenn Sie das Multimedia-Element in Ihren Notizen anklicken, dann erscheint ein Bedienfeld, um die Datei abzuspielen.

Tipp: Die Audioeinstellungen können Sie im Menüband „Audio und Video" im Bereich „Optionen" ändern. So lassen sich hier z. B. die Aufnahme-geräte bestimmen.

 ### Was sind Randnotizen?

Sie haben einen Gedankenblitz und wissen nicht, wohin damit? Dann sollten Sie diesen so schnell wie möglich in eine Randnotiz schreiben, bevor er verloren geht. Die Randnotizen sind kleine digitale Notizzettel, die OneNote im Bereich „Nicht abgelegte Notizen" speichert. Von hier aus können Sie die Randnotiz ausschneiden und/oder auf eine Seite kopieren.

Um schnell eine Randnotiz zu schreiben, drücken Sie einfach die Windows-Taste + N, um das Eingabefenster für die Randnotiz zu öffnen.

Suchfunktionen

Wie finde ich meine Notizen?

Wer viel mit OneNote arbeitet, wird in wenigen Wochen viele Seiten mit Notizen zusammengetragen haben. Die digitalen Notizbücher stapeln sich und die Abschnitte und Unterabschnitte werden immer mehr. Wie soll man sich da noch zurecht finden? OneNote bringt aber eine Suchfunktion mit, um verschollene Notizen wieder aufzuspüren. Einzige Bedingung für Sie: Sie müssen sich an zumindest ein Wort erinnern, das in der Notiz vorkam. Besser zwei, dann ist die Trefferquote höher.

Nutzen Sie für die Notiz-Suche das Suchfeld, das sich rechts über dem Seitenregister befindet. Öffnen Sie zunächst das Pull-down-Menü, um OneNote zu sagen, wo es suchen soll.

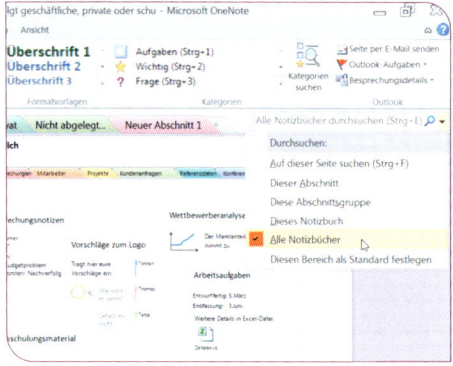

Legen Sie fest, wo OneNote suchen soll.

Zur Auswahl stehen die Suchbereiche „Dieser Abschnitt", „Diese Abschnittsgruppe", „Dieses Notizbuch" und „Alle Notizbücher".

Geben Sie anschließend ein oder mehrere Suchworte ein. Die Software beginnt umgehend mit der Suche und zeigt mögliche Ergebnisse an. Klicken Sie anschließend auf ein Suchergebnis, um die entsprechende Notiz zu öffnen.

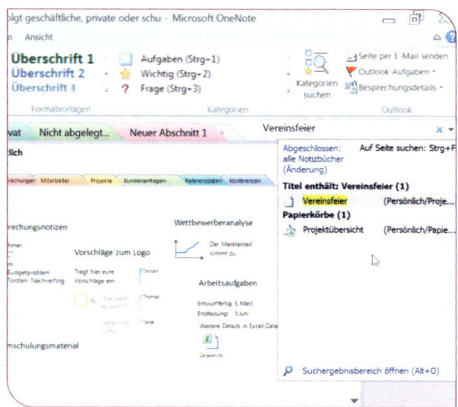

Geben Sie ein oder mehrere Suchworte ein.

Wie schütze ich meine Notizen?

Sie können Abschnitte mit einem Kennwort versehen, um diese vor dem Zugriff Dritter zu schützen. Öffnen Sie das Kontextmenü einer Registerkarte, die Sie schützen möchten, und klicken

Sie auf den Eintrag „Diesen Abschnitt durch ein Kennwort schützen". Legen Sie im folgenden Dialogfeld ein Kennwort fest. Ab sofort können Sie diesen Abschnitt nur noch durch Eingabe eines Kennworts erreichen. Benötigen Sie das Kennwort nicht mehr, können Sie es wieder löschen. Öffnen Sie wieder den Kennwort-Dialog und klicken Sie auf die Schaltfläche „Kennwort entfernen".

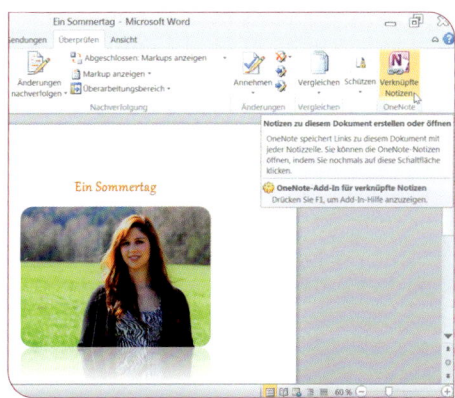

Im Kontextmenü der Registerkarten können Sie ein Kennwort setzen.

Arbeitet OneNote auch mit Word?

OneNote arbeitet nicht nur mit Word zusammen, sondern auch mit anderen Modulen aus dem Office-Paket 2010. Sie können also nicht nur Notizen aus OneNote in anderen Bereichen nutzen, sondern auch Informationen von Word & Co. in OneNote speichern.

Wenn Sie z. B. eine Notiz mit einem Word-Dokument verknüpfen möchten, dann wechseln Sie in Word in die

Registerkarte „Überprüfen" und in den Bereich „OneNote". Klicken Sie auf den OneNote-Button, um das Fenster „Speicherort in OneNote auswählen" zu öffnen. Hier können Sie nun aus den Notizbüchern, Abschnitten und Seiten die passende Notiz heraussuchen. Wer keine Lust hat, sich lange durch die Listen zu klicken, der findet im oberen Fensterbereich ein Suchfeld. Geben Sie hier einfach einen Suchbegriff ein, um schnell die passende Notiz zu finden. Wenn Sie den richtigen Eintrag gefunden haben, übernehmen Sie ihn mit einem Klick auf die OK-Taste, um Word mit der Notiz zu verknüpfen.

Um OneNote-Notizen mit einem Word-Dokument zu verknüpfen, müssen Sie im Menüband „Überprüfen" die One-Note-Schaltfläche anklicken.

Achtung: Kennwörter können nur Abschnitten und nicht ganzen Notizbüchern zugewiesen werden.

Notizen teilen

OneNote bietet deutlich mehr als ein
normales Notizbuch, das lokal am Rechner genutzt werden kann. Denn Sie
können OneNote-Notizbücher auch mit
anderen Anwendern teilen und gemeinsam bearbeiten. Somit ist OneNote ein
optimales Instrument, um Gedanken
und Notizen beispielsweise in einem
Team gemeinsam zu erarbeiten.

Welche Möglichkeiten gibt es?

Um Notizbücher gemeinsam mit Kolle-
gen, Freunden oder Bekannten zu
nutzen, müssen Sie an einem Ort gespeichert werden, auf den alle Beteilig-
ten einen Zugriff haben. Beispielsweise
ein lokales Netzwerk oder das Internet.

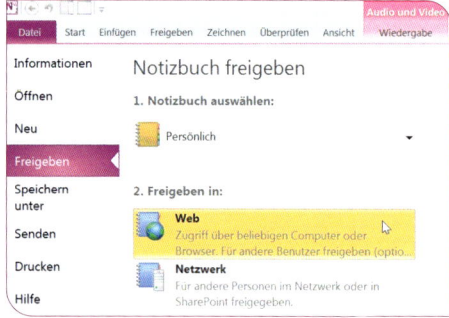

*In der Backstage-Ansicht von OneNote
können Sie Notizbücher auch im Internet abspeichern.*

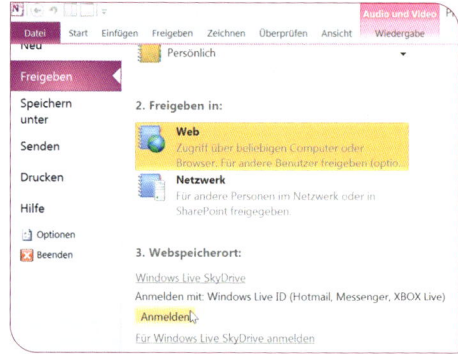

*Um Notizbücher im Internet zu spei-
chern, benötigen Sie einen Zugang zu
Windows Live.*

Tipp: Ein Speicherort im World Wide
Web ist dann ratsam, wenn Sie Ihre
Notizen nicht nur auf Ihrem lokalen Rechner speichern und nutzen
wollen.

Wie gebe ich Daten frei?

Sie können neu erstellte oder vorhandene Notizbücher in einem lokalen
Netzwerk oder im Internet freigeben.
Wollen Sie ein neues Notizbuch freigeben, dann wechseln Sie zum Reiter
„Datei" (Backstage-Ansicht) und wählen den Bereich „Neu" aus. Wählen Sie
nun unter „Notizbuch speichern in"
aus, ob das neue Notizbuch im Web,
im Netzwerk oder lokal auf dem
Arbeitsplatz gespeichert werden soll.

Ein vorhandenes Notizbuch können Sie ebenfalls in der Backstage-Ansicht freigeben. Wechseln Sie in die Backstage-Ansicht und wählen Sie hier den Eintrag „Freigeben" mit dem Mauszeiger aus. Wählen Sie nun im Pull-down-Menü „Notizbuch auswählen" ein Notizbuch aus, das Sie freigeben möchten. Unter Punkt zwei bestimmen Sie den Speicherort, wie z. B. ein lokales Netzwerk, dann müssen Sie den Netzwerkpfad unter Punkt drei eingeben, oder das Web.

Um ein Notizbuch im Web freizugeben, müssen Sie über einen Zugang zu Windows Live verfügen oder sich einen erstellen. Melden Sie sich dann beim Microsoft-Service an.

Wenn Sie sich erfolgreich angemeldet haben, werden Ihre persönlichen Ordner auf dem SkyDrive angezeigt. Alternativ können Sie auch einen neuen Ordner anlegen. Klicken Sie anschließend auf den Button „Notizbuch freigeben" und das ausgewählte Notizbuch wird auf das SkyDrive übertragen.

 Kann ich mein Notizbuch online aufrufen?

Nachdem das Notizbuch erfolgreich übertragen wurde, können Sie es von jedem internetfähigen Computer mit passendem Browser und Ihren Zugangsdaten zum SkyDrive abrufen. Somit stehen Ihnen Ihre Notizen weltweit und zu jeder Zeit zur Verfügung. Ebenso können Nutzer, denen Sie einen Zugang ermöglichen, auf die Notizen zugreifen.

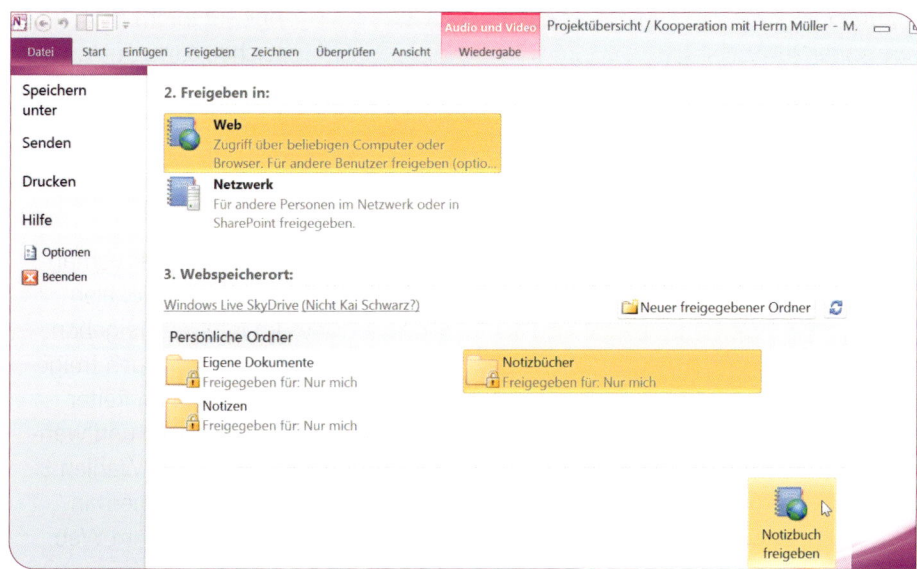

Geben Sie Notizbücher einfach mit einem Mausklick frei.

Glossar

Backstage-Ansicht: Die Office-Schaltzentrale, in der Sie Einstellungen anpassen und Dokumente verwalten können.

Button (engl. für Knopf): Eine Schaltfläche, die Sie mit dem Mauszeiger anklicken können, um eine Aktion auszulösen.

Cloud (engl. für Wolke): Diese Bezeichnung wird verwendet, wenn Computer-Programme und/oder Dateien nicht lokal auf dem Computer gespeichert sind, sondern aus einem Netzwerk wie dem Internet genutzt werden.

Dialogfeld: Kleine Fenster, die den Anwender zum Dialog auffordern, z. B. um Daten einzugeben oder Optionen zu setzten.

Drag and Drop: Vorgang, der mit dem Mauszeiger ausgeführt wird, um ein Dokument, z. B. ein digitales Bild oder eine Datei, zu erfassen (linke Maustaste drücken und festhalten), an einen anderen Ort, z. B. in einen Ordner, zu ziehen (Maustaste gedrückt halten und Maus bewegen) und dort einzufügen (Maustaste loslassen).

EasyTransfer: Eine Software von Microsoft, die Sie beim Transfer von Daten, z. B. beim Wechsel des Computers, unterstützt.

Folienmaster: Eine Grundfolie in PowerPoint, in der verschiedene Layouts gespeichert werden, um schnell darauf zugreifen zu können. Hier können Sie z. B. Hintergründe, Schriftarten und Effekte hinterlegen.

Grafiktablett: Ein Eingabeinstrument, auf das Sie mit einem Spezialstift wie mit einem Stift auf einem Blatt Papier schreiben können.

Hyperlink (kurz Link): Eine Verknüpfung auf einer Webseite. Wenn Sie diese anklicken, werden Sie z. B. zu einer neuen Seite oder einer Datei weitergeleitet.

Icon: Ein kleines Bild/Piktogramm, das besonders bei grafischen Benutzeroberflächen, wie sie Windows 7 nutzt, eingesetzt wird. Mit solchen Symbolen findet sich der Anwender deutlich leichter zurecht als mit auf Text basierenden Systemen.

Konfiguration: Das Einrichten eines Computers und/oder der Software.

Kontextmenü: Ein Menü, das mit der rechten Maustaste geöffnet wird und verschiedene Aktionen ermöglicht.

Metadaten: In eine Datei eingebettete Informationen, wie z. B. bei einem digitalen Foto das Kameramodell oder Aufnahmeparameter.

Navigationsleiste: Ein zentrales Element einer Webseite oder eines Programms, das anschaulich Inhalte und/oder Befehle anzeigt.

Office Open XML-Format: Ein Dateiformat, das helfen soll, Inhalte plattformunabhängig stets im identischen Layout anzuzeigen.

OpenDocument-Format: Ein offenes Dokumentenformat, das von verschiedenen Office-Paketen unterstützt wird.

PDF-Format: Ein weitverbreitetes Format, das es erlaubt, Dokumente auf verschiedenen Plattformen immer so anzuzeigen, wie es vom Ersteller gewünscht wurde.

Product Key: Meist eine Kombination aus Buchstaben und Zahlen, die bei der Installation einer Software eingegeben werden muss. So will ein Softwarehersteller sicherstellen, dass die Software legal genutzt wird.

Provider: Ein Telekommunikationsanbieter, der z. B. den Zugang ins Internet ermöglicht.

Pull-down-Menü: Ein „Klapp"-Menü, das sich öffnet, wenn Sie eine entsprechende Schaltfläche anklicken.

Schaltfläche (siehe Button): Ein Bereich auf dem Bildschirm, der mit dem Mauszeiger angeklickt werden kann, um eine Aktion auszulösen.

SkyDrive: Speicherplatz im Internet, der von Microsoft zur Verfügung gestellt wird.

Tool (engl. für Werkzeug): Bezeichnet unter anderem ein kleines, hilfreiches Computerprogramm oder ein Werkzeug, z. B. einen Pinsel in einer Bildbearbeitungssoftware.

USB-Flash-Speicher: Ein Speicher, in dem Sie Daten ablegen können. Er lässt sich einfach an den USB-Port Ihres Rechners anschließen und wird unter „Computer" als Wechsellaufwerk (Wechselmedien) angezeigt.

Windows Live ID: Der Benutzername, um sich bei Diensten wie SkyDrive von Microsoft anzumelden.

WMV-Video (Windows Media Video): Ein Videoformat von Microsoft.

XPS-Format (XML Paper Specification): Ein Dokumentenformat, um Daten plattformübergreifend weiterzureichen.

Register

In dieser Reihe bereits erschienen:

ISBN (13) 978-3-89736-262-8
ISBN (10)   3-89736-262-7

ISBN (13) 978-3-89736-263-5
ISBN (10)   3-89736-263-5

ISBN (13) 978-3-89736-265-9
ISBN (10)   3-89736-265-1

© 2011 SAMMÜLLER KREATIV GmbH

Genehmigte Lizenzausgabe
EDITION XXL GmbH
Fränkisch-Crumbach 2011
www.edition-xxl.de

Idee und Projektleitung: Sonja Sammüller
Layout, Satz und Umschlaggestaltung:
SAMMÜLLER KREATIV GmbH
Text: Kai Schwarz und SAMMÜLLER KREATIV GmbH

ISBN (13) 978-3-89736-280-2
ISBN (10)   3-89736-280-5

Bildnachweis:

Shutterstock: avian Cover/beboy 90–91/casejustin 130/
cobalt88 Cover/Maisei Raman 35/
Mushakesa 66/ps-42 7/RosyBlack 9, 106/
teacept 16/tele52 131/xjbxjhxm123 91

Alle weiteren Fotos: Kai Schwarz